INTRA EMPREENDEDORISMO
CONCEITOS E PRÁTICAS
PARA CONSTRUÇÃO DE ORGANIZAÇÕES INOVADORAS

José Guilherme Said Pierre Carneiro

INTRA EMPREENDEDORISMO
CONCEITOS E PRÁTICAS
PARA CONSTRUÇÃO DE ORGANIZAÇÕES INOVADORAS

QUALITYMARK

Copyright© 2013 by José Guilherme Said Pierre Carneiro

Todos os direitos desta edição reservados à Qualitymark Editora Ltda.
É proibida a duplicação ou reprodução deste volume, ou parte do
mesmo, sob qualquer meio, sem autorização expressa da Editora.

Direção Editorial	Produção Editorial
SAIDUL RAHMAN MAHOMED editor@qualitymark.com.br	EQUIPE QUALITYMARK
Capa	Editoração Eletrônica
EQUIPE QUALITYMARK	APED – Apoio e Produção Ltda.

CIP-Brasil. Catalogação-na-fonte
Sindicato Nacional dos Editores de Livros, RJ

C289i

    Carneiro, José Guilherme Said Pierre
    Intraempreendedorismo : conceitos e práticas para construção de organizações inovadoras / José Guilherme Said Pierre Carneiro. – Rio de Janeiro : Qualitymark Editora, 2013.
    152 p. : 21 cm

    Apêndice
    Inclui bibliografia
    ISBN 978-85-414-0058-9

    1. Empreendedorismo 2. Negócios - Administração 3. Sucesso no negócios.
I. Título.

13-1616.   CDD: 658.11
                                                                     CDU: 658.016.1

13.03.13   19.03.13   043498

2013
IMPRESSO NO BRASIL

Qualitymark Editora Ltda.
Rua Teixeira Júnior, 441 – São Cristóvão
20921-405 – Rio de Janeiro – RJ
Tel. : (21) 3295-9800 ou 3094-8400

QualityPhone: 0800-0263311
www.qualitymark.com.br
E-mail: quality@qualitymark.com.br
Fax: (21) 3295-9824

"No peito de quem deseja fazer algo novo, as forças do hábito se levantam e testemunham contra o projeto em embrião. É, portanto, necessário uma força de vontade nova e de outra espécie para arrancar, dentre o trabalho e a lida com as ocupações diárias, oportunidade e tempo para conceber e elaborar a combinação nova e resolver olhá-la como uma possibilidade real e não meramente como um sonho. Essa liberdade mental pressupõe um grande excedente de força sobre a demanda cotidiana e é algo peculiar e raro por natureza."

Joseph Alois Schumpeter, sobre o empreendedor.

Agradecimentos

Apesar de vir em primeiro lugar no texto de um livro, os agradecimentos são a última coisa escrita pelo autor. A disposição em escrever uma obra, seja qual for o assunto ou a quantidade de páginas, é um grande desafio para o escritor, e em muitos casos, amigos, editores e familiares diversos participam desta construção até o final, disponibilizando seu precioso tempo para ler e oferecer suas contribuições valiosas.

Antes de tudo, devo agradecer ao nosso Deus por me permitir realizar mais um projeto nesta vida.

Agradeço aos meus pais, Pierre e Magda pelo apoio constante em todos os momentos. A minha irmã Isabel, pelo incentivo e motivação e a minha esposa Patricia, pelo carinho e paciência.

Aos meus amigos, alunos, familiares e à equipe da Said Desenvolvimento Empresarial e Humano pelas opiniões e críticas construtivas.

Um agradecimento especial aos colegas e professores do Mestrado em Administração, pelo aprendizado e compartilhamento de conhecimentos que se tornaram de imensa relevância para este trabalho.

Aos diversos gestores e profissionais que disponibilizaram seu tempo para refletir e discutir sobre práticas de gestão e inovação em suas organizações.

Aos amigos do Rotary Club e da Ordem do Graal na Terra pelas contribuições ao livro.

À Qualitymark Editora, por acreditar nesta obra e empreender junto comigo esta publicação.

E, por fim, a você, caro leitor, que é a razão de ser deste livro.

Sumário

Prefácio • XI
Para onde Vamos? • XV

PARTE I Entendendo o Contexto do Intraempreendedorismo • 1
Capítulo 1   O Que Está Acontecendo • 3
Capítulo 2   Empreendedorismo X Intraempreendedorismo • 13
Capítulo 3   Conceitos Acerca do Intraempreendedorismo • 19

PARTE II Inovação e Intraempreendedorismo • 23
Capítulo 4   Inovar para Quê? • 25
Capítulo 5   O Papel das Inovações Tecnológicas • 43
Capítulo 6   O Papel das Inovações Organizacionais • 47

PARTE III Intraempreendedorismo na Prática • 61
Capítulo 7   As Práticas Intraempreendedoras • 63
Capítulo 8   O Papel da Tecnologia da Informação • 71
Capítulo 9   As Empresas de TI no Contexto da Inovação • 81
Capítulo 10   Intraempreendedorismo em Empresas de TI • 95

Para onde Podemos Ir? • 117

Continue a Sua Experiência com o Tema! • 121
O Autor • 123
Referências • 125

Prefácio

Penso que o Guilherme Said concedeu-me o grande privilégio de escrever o prefácio de seu livro porque sou o mais antigo empreendedor da área de Tecnologia da Informação e Comunicação – TIC, em plena atividade no nosso torrão natal – o Ceará, e estou ainda cheio de planos e vibrando com a construção de novos empreendimentos, produtos e tecnologias.

Além disso, porque, quando da entrevista para a realização da pesquisa sobre o Intraempreendedorismo, o assunto fundamental do seu livro, baseado em seu aprendizado e reflexões desenvolvidas para sua dissertação de mestrado acadêmico, muito enriquecida por sua experiência como consultor organizacional, passamos momentos muito agradáveis e ricos de aprendizados, dialogando sobre gestão, gestão do conhecimento, aprendizagem organizacional, inovação e empreendedorismo.

O tema da Gestão do Conhecimento e Aprendizagem Organizacional ocupou a minha atenção intelectual e empreendedora durante muito tempo, consumindo muitos recursos financeiros da Secrel, nem sempre com êxito, devido a uma cultura empresarial pouco afeita aos processos estruturados de gestão da inovação.

Nossa organização desenvolveu a Estratégia do Modelo de Colaboração e Conhecimento, EMC2, talvez, a solução mais ampla que apareceu no mercado desde os anos 90 até agora para a Gestão do Conhecimento, incluindo uma teoria e um *software* que cobria a quase totalidade de suas práticas reconhecidas à época.

Para atacar o falso dilema que impedia os gestores de se aventurarem a investir em Gestão do Conhecimento, criamos uma Teoria e uma Metodologia de Implantação que garantisse o sucesso da EMC2. O dilema tratava-se da crença dos gestores de que antes de se implantar um sistema de Gestão do Conhecimento numa organização seria necessário transformar a cultura organizacional para que viesse a adotar as suas práticas.

Nós argumentávamos que não se muda uma cultura organizacional sem que se implemente progressivamente uma nova práxis, que habite nos fundamentos da nova cultura desejada. Dizíamos que era começando a usar práticas de gestão do conhecimento, apoiado por consultoria especializada e pelo uso do próprio sistema de Gestão do Conhecimento, que se iria mudar a cultura da empresa, para que praticasse efetivamente os princípios da Gestão do Conhecimento e que pudesse começar a colher os benefícios que esta pode oferecer.

Pode-se usar uma analogia com a implantação de um ERP numa organização para modernizar sua gestão. Uma empresa após implantar plenamente um ERP terá certamente construído uma nova cultura organizacional, nascida do processo de aprender e se transformar para adotar as práticas embutidas e potencializadas pelo sistema. Nossa empresa atua neste negócio, desenvolvendo, implantando e suportando o uso de ERP para empresas comerciais; e temos presenciado este processo de transformação cultural na gestão de empresas usuárias de nossos sistemas.

Explorei, neste prefácio, esta experiência vivida intensamente para a criação e implantação de sistemas e ambientes organizacionais de Colaboração e Conhecimento pela forte semelhança com o tema do livro e dos requisitos necessários para o fomento da cultura do intraempreendedorismo nas organizações.

O tema do livro é o Empreendedorismo interno como fonte de transformação organizacional permanente. É este que pode gerar a Inovação, tão decantada na atualidade como fonte de sobrevivência, competitividade e crescimento. São as pessoas das organizações, quando aprendem a colaborar com outras pessoas, que podem melhor perceber as oportunidades de inovar, encontrar formas de vender internamente e obter apoios para implementar as oportunidades descobertas de inovação organizacional, agindo então como intraempreendedores.

Naturalmente, o tema da cultura organizacional volta à tona. É preciso existir uma cultura organizacional que estimule o intraempreendedorismo para que este possa emergir em todo seu potencial. Conforta-nos saber que se pode instituir novos aspectos de cultura organizacional, estabelecendo-se novos processos e novos princípios de gestão na organização.

Encantei-me também de concluir das reflexões que fiz durante sua leitura, como a Estratégia EMC2 se adequa perfeitamente à implantação de uma cultura organizacional que estimule, oriente, controle e ajude a implementar a inovação, quase sempre proporcionada pelas contribuições dos seus intraempreendedores. Inovação, Intraempreendedorismo e Gestão do Conhecimento são temas umbilicalmente relacionados.

Mas, voltando à minha obrigação de prefaciador, observo que este livro de fato não necessitaria de um prefácio, pois o autor, no tópico inicial, Para onde Vamos, já o escreveu magistralmente, descrevendo o objetivo, o tema, escopo, a forma e o conteúdo do seu livro. Quem poderia fazê-lo melhor do que o próprio escritor? Do mesmo modo já escreveu o Posfácio, no tópico final Para onde Podemos Ir.

Recomendo, pois, que o leitor comece lendo os dois, antes de adentrar nos capítulos do livro. O Posfácio também, porque, mesmo quebrando a ordem de apresentação do livro, ajudará o leitor a conhecer as conclusões às quais o autor chegou sobre a implementação do intraempreendedorismo nas organizações de TI.

O livro é de fácil e agradável leitura e aborda um tema central de grande atualidade e interesse para os empresários, trabalhadores e gestores, da área privada e pública, todos potencialmente grandes beneficiários da ampliação da atitude e da capacidade intraempreendedora das pessoas em seu agir no seio das organizações.

Guilherme Said aborda o tema com profundidade e amplitude, relacionando-o a um amplo leque de disciplinas da Gestão, contextualizando-o face aos dilemas e oportunidades organizacionais atuais.

Repito que o livro é também um rico texto sobre gestão, e como derivado de um trabalho acadêmico, para uma dissertação de mestrado, por um profissional experiente de consultoria organizacional, sua leitura torna-se de grande utilidade e deleite para as pessoas interessadas nesta matéria.

Como leitor, e um leitor mais cuidadoso e crítico, pela obrigação do prefácio, agradeço a excelente oportunidade que ele me proporcionou de, nestas condições, melhor poder desfrutar do livro. Vida longa de escritor para o autor.

Ricardo Liebmann
Empresário, Fundador do Grupo Secrel

Para onde Vamos?

Este livro é resultado de vários anos de pesquisas práticas e acadêmicas acerca do fenômeno do empreendedorismo, especificamente do intraempreendedorismo, também conhecido como empreendedorismo corporativo ou empreendedorismo interno. Iremos entender o papel do empreendedor interno, o qual procura desenvolver ações e iniciativas que facilitam e estimulam as inovações nas empresas. São as chamadas práticas intraempreendedoras, um conjunto de posturas e modelos sistematizados que podem ser vistos nas organizações que almejam constantemente inovar em produtos, serviços e processos.

Para identificar de forma mais visível as posturas intraempreendedoras dentro da realidade brasileira, escolhi estudar o campo das empresas de tecnologia da informação (TI) e como as práticas ligadas à inovação se desenvolvem nessas organizações. Observamos, cada vez mais, que a TI está transformando a natureza das organizações e a forma como a sociedade se relaciona, e as empresas de TI têm se tornado fundamentais nesse processo, por meio da construção de diversas infraestruturas, processos, produtos e serviços baseados nas tecnologias *hard* e *soft,* como computadores e *softwares*, respectivamente.

O interesse pelo assunto nasceu ainda antes de entrar na vida acadêmica, quando trabalhei e convivi com algumas empresas e profissionais de TI, tanto como gestor, como consultor organizacional. Na época, eu já tecia algumas análises e escritos sobre os modelos de gestão rápidos e flexíveis dessas organizações e refletia como determinadas sistemáticas poderiam ser implementadas em outros setores da economia.

Na verdade, apesar da relevância do tema, o exame da literatura indica falta de dados oficiais e escassez de estudos acadêmicos neste campo, principalmente no que tange ao papel do intraempreendedorismo nas empresas de tecnologia da informação. Sendo assim, acredito que estamos contribuindo para a construção de um conhecimento mais amplo e útil para a prática da gestão da inovação no âmbito das empresas, bem como para alunos e professores que querem adentrar nessa linha de pesquisa.

O livro é dividido em três partes. A primeira é constituída por três capítulos e corresponde à contextualização do tema e a apresentação dos conceitos iniciais acerca do fenômeno do empreendedorismo, seu histórico e relação com a gestão empresarial.

Na segunda parte, veremos os conceitos de inovação e sua relação com o intraempreendedorismo. Sob diversos enfoques, falaremos da importância da inovação para a sociedade e dos tipos de inovações tecnológicas e organizacionais que podem se desenvolver no âmbito das empresas.

Na terceira parte será discutido o intraempreendedorismo na prática. Analisaremos inicialmente, com base em diversas pesquisas, quais são as práticas intraempreendedoras observadas nas organizações modernas. Depois, serão abordados os conceitos relacionados à tecnologia da informação e apresentaremos alguns indicadores econômicos do setor de TI no Brasil. Por fim, serão analisadas as principais práticas intraempreendedoras que foram identificadas nas empresas de TI, a partir da pesquisa realizada.

No decorrer do livro, inseri, também, textos que irão, em algum momento, facilitar o entendimento do contexto de alguns assuntos, bem como dar uma perspectiva diferenciada para alguns temas em voga na gestão empresarial.

Não é minha pretensão esgotar o tema, e sim, introduzir os estudantes e profissionais em um tema pouco explorado, bem como estimular a implantação de ideias e práticas que promovam a inovação e a postura empreendedora dentro das empresas brasileiras. Neste momento em que a economia brasileira precisa de um norte, devendo se tornar mais competitiva e menos dependente das *commodities* e matérias-primas que produz, a inovação e o empreendedorismo corporativo devem se tornar o grande alvo dos gestores e visionários brasileiros.

Vamos adiante e boa leitura!

PARTE I
Entendendo o Contexto do Intraempreendedorismo

O Que Iremos Discutir

- O que está acontecendo no mundo no que tange aos desafios da economia e da gestão empresarial?
- Qual a importância do empreendedorismo para o desenvolvimento das sociedades?
- O que significa intraempreendedorismo?

Capítulo 1
O Que Está Acontecendo:
Intraempreendedorismo, Economia e a Gestão Empresarial

> "O futuro das organizações – e nações — dependerá cada vez mais de sua capacidade de aprender coletivamente."
> *Peter Senge*

Para entendermos o papel do intraempreendedorismo, como aspecto relevante dentro do mundo da gestão de empresas, precisamos analisar de forma mais cuidadosa alguns aspectos que têm transformado a sociedade e, ao mesmo tempo, apresentando-se como grandes desafios da nossa era. Com isso, saberemos identificar como um determinado contexto socioeconômico predispõe a necessidade de aplicação dos conceitos relacionados ao tema.

Em primeiro lugar temos o papel da inovação, a qual se tornou nos últimos anos em um dos principais paradigmas na forma como as organizações são administradas. Tudo começa pelas mudanças ocasionadas a partir da década de 1970, com as profundas transformações de ordem econômica, social, tecnológica, política, educacional e cultural vividas pela sociedade mundial. Atualmente, estamos vivenciando a transição da Segunda Onda (a era da revolução industrial) para a Terceira Onda (a Revolução da Informação) caracterizada pela supremacia do conhecimento como sendo o principal ativo de uma nova conformação produtiva que vem se consolidando no mundo.

As sociedades estão observando o surgimento de uma profunda mudança de comportamento dos agentes econômicos, presentemente denominada de Economia Empreendedora, que se constitui em um elemento para entender como as organizações estão criando novos produtos e serviços, para atender às demandas de novos consumidores e, dessa forma, revolucionar a Administração de Empresas. Na verdade, a principal inovação responsável pela transformação da economia e pelo crescimento do mercado de trabalho é a chamada Administração Empreendedora, baseada na inovação sistemática, isto é, a busca e o aproveitamento de novas oportunidades demandadas pela sociedade e a aplicação do conhecimento a novos empreendimentos, processos de trabalho e estruturas organizacionais que gerem eficiência e atendimento com excelência às necessidades dos clientes.[1]

Uma grande contribuição para o entendimento dos efeitos da Administração Empreendedora foi dada pelo professor americano Gifford Pinchot, que consolidou o termo intraempreendedorismo, para explicar o empreendedorismo não apenas como a criação de novas empresas por empreendedores, mas também como o comportamento empreendedor por parte de colaboradores internos, capazes de estabelecer e acelerar inovações em produtos, serviços e processos dentro das organizações.

Com o decorrer dos anos, surgem novas e dinâmicas empresas com determinadas competências capazes de concorrer fortemente com organizações já existentes. Essa tendência tem feito com que estas empresas busquem crescentemente inovar em seus produtos e processos, por meio da contratação de profissionais e líderes capazes de trabalhar corretamente as novas tecnologias e desenvolver práticas intraempreendedoras, aspectos estes que deverão fazer frente aos novos competidores. Assim, a habilidade de inovar efetivamente torna-se o ponto primordial para o sucesso das organizações atuais.

O segundo aspecto diz respeito ao avanço da tecnologia em todas as áreas do conhecimento humano. No rol dessas inovações, destaca-se o papel da Tecnologia da Informação, que está mudando a forma como as organizações estruturam seu fluxo de trabalho e modelo de negócio e o modo como as pessoas se comunicam, compartilham conhecimento e tomam suas decisões. Em suma, estamos em um processo de "achatamento" do mundo, onde tudo está mais próximo, visível e capaz de ser acessado rapidamente por qualquer um, em qualquer lugar do planeta.

O terceiro fator abrange aquilo que podemos chamar de déficit de formação educacional e empreendedora. São milhares de jovens e adultos sem preparo, sem capacitação, que não conseguem se adaptar às demandas tecnológicas, operacionais e de gestão que surgem no âmbito das organizações. Além disso, a formação empreendedora ainda é incipiente nas escolas e faculdades brasileiras, o que torna o problema ainda maior. Quando chegam ao mercado de trabalho, as pessoas não têm estímulo para inovar, para quebrar os padrões convencionais. Falta coragem, autoconfiança, visão, enfim, virtudes necessárias para o desenvolvimento sustentável de uma sociedade. O efeito final de tudo isso é a inexistência generalizada da tão apregoada excelência.

REFLEXÃO

Você Faz Parte dos 5% ou 95% das Pessoas?

Existe um texto conhecido por muitas pessoas (de autoria desconhecida) que nos faz refletir sobre a possibilidade de apenas 5% das pessoas do mundo serem realmente excelentes e diferenciadas. Trata-se de um professor que estava tentando iniciar sua aula e, sem sucesso, precisou levantar a voz com todo o vigor, dando uma "bronca" exemplar em sua turma. A fala inicia com o relato de um estudante que presenciou o breve discurso do mestre, logo após o retorno da turma de um feriado. Vejamos:

Tínhamos uma aula de Fisiologia na Escola de Medicina logo após a semana da pátria. Como a maioria dos alunos havia viajado aproveitando o feriado prolongado, todos estavam ansiosos para contar as novidades aos colegas e a excitação era geral.

Um velho professor entrou na sala e imediatamente percebeu que iria ter trabalho para conseguir silêncio. Com grande dose de paciência tentou começar a aula, mas você acha que minha turma correspondeu? Que nada!

Com certo constrangimento, o professor tornou a pedir silêncio educadamente. Não adiantou; ignoramos a solicitação e continuamos firmes na conversa. Foi aí que o velho professor perdeu a paciência e deu a maior bronca que eu já presenciei. Veja o que disse:

– Prestem atenção porque eu vou falar isso uma única vez. Disse, levantando a voz e um silêncio de culpa se instalou em toda a sala.

Desde que comecei a lecionar, isso já faz muitos anos, descobri que nós, professores, trabalhamos apenas 5% dos alunos de uma turma. Em todos esses anos, observei que de cada cem alunos, apenas cinco são realmente aqueles que fazem alguma diferença no futuro, apenas cinco se tornam profissionais brilhantes e contribuem de forma significativa para melhorar a qualidade de vida das pessoas.

Os outros 95% servem apenas para fazer volume. São medíocres e passam pela vida sem deixar nada de útil.

O interessante é que esta porcentagem vale para todo o mundo. Se vocês prestarem atenção, notarão que de cem professores, apenas cinco são aqueles que fazem a diferença, de cem garçons, apenas cinco são excelentes; de cem motoristas de táxi, apenas cinco são verdadeiros profissionais; e poderia generalizar ainda mais; de cem pessoas, apenas cinco são verdadeiramente especiais.

É uma pena muito grande não termos como separar estes 5% do resto, pois se isso fosse possível, eu deixaria apenas os alunos especiais nesta sala e colocaria os demais para

> fora, então teria o silêncio necessário para dar uma boa aula e dormiria tranquilo sabendo ter investido nos melhores.
>
> Mas, infelizmente, não há como saber quais de vocês são estes alunos. Só o tempo é capaz de mostrar isso. Portanto, terei de me conformar e tentar dar uma aula para os alunos especiais, apesar da confusão que estará sendo feita pelo resto.
>
> Claro que cada um de vocês sempre pode escolher a qual grupo pertencerá. Obrigado pela atenção e vamos à aula de hoje.

O déficit de formação resvala também na ausência de disciplina, que tem impacto direto sobre os processos de gestão em nossas empresas. Dessa forma, a inovação não se desenvolve de forma sistematizada dentro das organizações, a qual "deveria ser um processo sistemático e estruturado, consistindo na busca deliberada e organizada de mudanças, e na análise sistemática das oportunidades que tais mudanças podem oferecer para a inovação".[2]

A ausência de inovação tem impacto direto sobre o nível de produtividade das empresas, sendo esse aspecto importantíssimo para explicar o lento crescimento do Brasil nas últimas décadas. Trata-se de uma cadeia fácil de compreender, porém não praticada pelas lideranças do País (Figura 1).

Figura 1: Cadeia de elementos que caracterizam o crescimento econômico

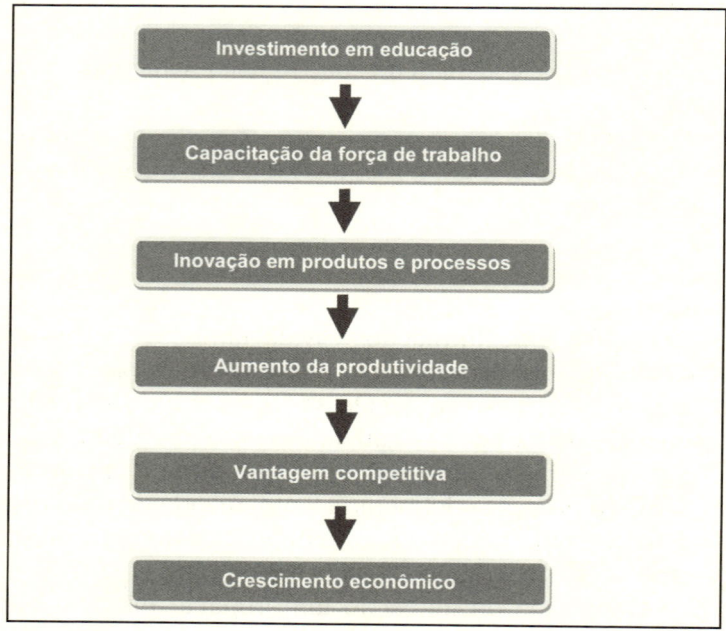

No estudo "Conhecimento e Inovação para a competitividade" realizado pelo Banco Mundial em 2008[3], verificamos um dado interessante sobre a relação entre a inovação e produtividade. Os resultados demonstraram que uma empresa que lança novos produtos tecnológicos no mercado tem uma produtividade 23% maior do que outra que não inova. Além disso, quanto às atividades de pesquisa e desenvolvimento (P&D) foi identificado que um aumento de 1% na intensidade de P&D estaria associado a um acréscimo de 0,2% na produtividade da empresa, podendo chegar a quase 0,5% em alguns tipos de organizações.

Quando olhamos para o intraempreendedorismo, vemos a necessidade das organizações de investir nos processos que possibilitem a crescente ocorrência de práticas intraempreendedoras, levando, consequentemente, ao desenvolvimento de inovações. Isso ocorre porque o próprio termo empreendedorismo diz respeito ao aproveitamento de oportunidades por parte do empresário inovador, que traz novos produtos para o mercado por meio de combinações mais eficientes dos fatores de produção ou pela aplicação de alguma inovação tecnológica. A inovação seria então "o instrumento específico dos empreendedores, o meio pelo qual eles exploram a mudança como uma oportunidade para um negócio diferente ou um serviço diferente."[4]

Observamos que na medida em que o conceito de intraempreendedorismo traz os elementos do empreendedorismo, e este tem a inovação como "instrumento", ambos os conceitos estão fortemente inter-relacionados. O empreendedorismo é o processo pelo qual se faz algo novo e algo diferente (algo inovador), com o objetivo de gerar riqueza para a sociedade. O intraempreendedor gera esse ativo socioeconômico desempenhando um papel empreendedor em organizações já existentes, sendo esse aspecto tão importante como a criação de novas empresas.

O intraempreendedorismo também tem sido considerado como indutor do desenvolvimento socioeconômico dentro da sociedade. Podemos argumentar que lideranças intraempreendedoras, ao receberem o incentivo e a liberdade para o desempenho de ações inovadoras, utilizam todo o seu potencial de coragem, criatividade e inovação para alavancar o desenvolvimento da organização em que atuam e, consequentemente, da região na qual se insere o empreendimento. Diversos exemplos de líderes empreendedores poderiam ser citados, demonstrando o quanto esses profissionais desenvolveram práticas intraempreendedoras em suas organizações. Um caso bem notório, verificado no século XX, diz respeito ao papel de Jack Welch, ex-presidente da General Electric (GE), que criou programas que incentivavam os gestores a partilhar novas ideias e conhecimentos, bem como a implementar mudanças rápidas dentro da empresa; introduziu recompensas financeiras (opções de compra de ações) em vários níveis organizacionais; sistematizou modelos de reuniões que estimulassem a discussão de novas ideias e a melhor forma de colocá-las em prática; promoveu a quebra de barreiras organizacionais para melhorar a comunicação entre as áreas, dentre várias outras práticas.

Existem ainda diversas pesquisas acerca dos intraempreendedores sociais, os quais são responsáveis pela criação de empreendimentos sociais dentro das organizações, gerando um impacto social em suas regiões de atuação, tais como projetos relacionados à responsabilidade socioambiental, serviços para comunidade e busca de soluções para os problemas sociais. A sustentabilidade é uma tendência muito forte atualmente, e essa questão deve ser considerada em qualquer discussão sobre o presente e o futuro da gestão empresarial e do empreendedorismo.

Reflexão

A Gestão Empresarial e a Questão da Sustentabilidade: uma Relação a Ser Consolidada

A humanidade encontra-se em uma encruzilhada. O padrão de vida atual, imposto pela aceleração das premissas do capitalismo após a II Guerra Mundial, não conseguirá se manter por muito tempo, dado que os recursos do planeta não suportam o modelo de consumo e produção que foi estabelecido nas últimas décadas.

Não podemos falar em gestão empresarial sem antes entendermos essa realidade. Afinal, vivemos como um organismo vivo, um sistema, e tudo está interligado. Tudo é interdependente. No entanto, à medida que trabalhamos de forma egoística, sem pensar no todo, algo ocorre: os recursos tornam-se escassos, as economias paralisam, as sociedades empobrecem e ninguém se entende. É o que estamos vendo atualmente em quase todos os países. Quando nos aprofundamos em cada questão, vemos a mão humana trabalhando em prol de interesses próprios. E como o poder está na mão de uma minoria – grandes corporações e líderes políticos – a questão da sustentabilidade fica sempre em segundo plano.

Nessa luta de Davi e Golias, muitos movimentos surgiram a partir da década de 1970 com o intuito de demonstrar o real caminho que a sociedade global estava tomando. Com isso, tivemos alguns avanços. No Brasil, por exemplo, foi criada, em 1981, a primeira lei específica relacionada ao meio ambiente. A questão da sustentabilidade tem aumentado sua visibilidade e presença nas leis nacionais em todo o mundo e nas práticas de diversas organizações empresariais. No entanto, um longo caminho de conscientização ainda precisa ser trilhado.

A visão de curto prazo ainda domina os gestores e as organizações. Ou seja, estamos indo na contramão de um modelo de gestão empresarial ideal: como não olhamos para o futuro, não planejamos corretamente. E infelizmente tal postura perpassa boa parte das empresas. E esse fato impacta substancialmente na sustentabilidade do sistema em que estamos inseridos.

Cada vez mais os gestores terão de ficar atentos para a nova realidade do planeta. Cabe às lideranças, seja nas pequenas, médias ou grandes empresas, traçarem planos e desenvolverem atividades que colaborem com o meioambiente. Parece que a responsabilidade ambiental já faz parte da agenda das organizações, porém uma análise mais apurada demonstra que muito pouco está sendo feito. Gestão é planejamento, execução e acompanhamento. A realidade atual demonstra que muitos possuem "boa vontade", incluem a sustentabilidade em seus princípios, mas muitas dúvidas ainda permanecem e a ação prática – a execução – não evolui.

> Uma gestão moderna deve incluir estratégias e metas anuais de responsabilidade socioambiental. Claro, dentro das possibilidades e capacidade de investimento de cada empresa. O importante é iniciar e sistematizar as ações. O cérebro aprende por repetição, e com as empresas não será diferente. O hábito e a disciplina na execução de atividades que favoreçam a sustentabilidade deverão fazer parte do dia a dia das organizações. Na situação em que o planeta se encontra, será que existe outro caminho para a gestão?

O fato é que esta complexidade atual nos leva a algumas reflexões sobre o papel das pessoas no desenvolvimento da economia e das instituições. Cada vez mais veremos empreendedores internos alavancando novos projetos e atuando como "donos do negócio" em organizações já estabelecidas. A ideia do empreendedor, como sendo unicamente aquele que cria uma nova empresa, vai ficando para trás. O empreendedorismo tornou-se um estado de espírito, baseado em um conjunto de comportamentos e atitudes que levam as organizações a inovarem e evoluírem constantemente.

Neste rol devem então ser enquadrados os profissionais que não desejam, por diversas circunstâncias, fundar novas empresas, porém de grande relevância para a evolução da sociedade, como os professores, empregados, donas de casa, políticos, religiosos dentre outras categorias.

Os limites agora são outros e o empreendedor passa a ser qualquer pessoa que atua de forma inovadora, que transforma sonhos em realidades viáveis. Em resumo: pessoas que fazem acontecer, seja qual for a sua profissão ou atividade.

E já que vivemos em uma sociedade de organizações, será o intraempreendedor a "bola da vez" no desenvolvimento socioeconômico do século XXI?

Capítulo 2
Empreendedorismo X Intraempreendedorismo

"Como seres humanos, somos definidos pelas causas a que servimos e pelos problemas que lutamos para superar. É a paixão em solucionar problemas extraordinários que cria o potencial de realizações extraordinárias."

Gary Hammel

Qual a origem do intraempreendedorismo? Qual a sua relação com o empreendedorismo, em termos práticos e conceituais?

Apesar de existirem aspectos similares e diferenças entre empreendedorismo e intraempreendedorismo, a essência de ambos os conceitos está relacionada a uma forma específica de pensar sobre como aproveitar oportunidades com sucesso, bem como a criação de algo novo. Ambos os termos têm em comum essa "obsessão pela oportunidade", a chance de criar algo que gere valor a partir de uma determinada situação, que outras pessoas não sabem como aproveitar de forma produtiva.

O termo empreendedorismo advém da livre tradução da palavra *entrepreneurship*, a qual é utilizada para designar os estudos relativos ao empreendedor, suas origens, suas atividades e seu universo de atuação. O conceito deve abranger não apenas a criação de empresas, como também os empreendedores corporativos, professores, pesquisadores, enfim, qualquer profissional que possua uma atitude empreendedora, que seja capaz de transformar um mero sonho em uma realidade concreta e viável.

O economista irlandês Richard Cantillon é tido como um dos criadores do termo empreendedorismo, considerando o empreendedor como sendo aquele que assume riscos. Cantillon foi o primeiro a definir as funções do empreendedor, porém o economista Jean Baptiste Say possui o crédito de ser considerado o pai do empreendedorismo, já que este explicou o desenvolvimento econômico como resultado da criação de novos empreendimentos.[5] Para o economista, o empreendedor é aquele que inova e estimula o desenvolvimento econômico através da transferência de recursos econômicos de um setor de produtividade baixa para um setor de produtividade mais elevada.

No início do século XX, o economista Joseph Alois Schumpeter ofereceu também uma grande contribuição ao tema, através da sua obra intitulada *A Teoria do Desenvolvimento Econômico*, em que ele define o empreendedor como aquele que destrói a ordem econômica existente pela introdução de novos produtos e serviços, pela criação de novos métodos de organização ou pela exploração de novos recursos e forças. Nesta visão, o desenvolvimento se daria pela "combinação" diferenciada de materiais e forças presentes na sociedade, gerando mudança e, consequentemente, crescimento e evolução.

Reflexão

Você Quer Ser um Empreendedor?

Na verdade, não estamos falando sobre a vontade de abrir uma empresa, ter um negócio de sucesso ou se almeja investir em algum empreendimento econômico. Pois é, parece estranho, mas o conceito de empreendedor mudou radicalmente nos últimos anos, a fim de acompanhar a nova dinâmica da sociedade e do mundo das organizações. No entanto, pergunte a um amigo, ao seu gestor, colaborador ou familiar, o que significa ser empreendedor. Observe que para a esmagadora maioria, o empreendedorismo remete à ideia daquele que desenvolve "um negócio" baseado na inovação com o objetivo de gerar lucro para seus proprietários.

Como se vê, estariam de fora desse rol as outras categorias de profissionais que não desejam, por diversas circunstâncias, fundar novas empresas, tais como professores, empregados, donas de casa, políticos ou religiosos.

Felizmente, com a evolução dos estudos no campo do empreendedorismo houve a expansão dos seus limites, o que tornou o empreendedor qualquer pessoa que atua de forma inovadora, que "transforma sonhos em realidades viáveis", como ressaltado pelo professor Fernando Dolabela. Em resumo: pessoas que fazem acontecer seja qual for a sua profissão ou atividade.

No âmbito das organizações, surge na década de 1980 o termo intraempreendedor (do francês intrapreneur), cunhado por Gifford Pinchot, para designar aqueles profissionais que desenvolvem inovações e melhorias em produtos, serviços e processos nas empresas em que trabalham, sem necessariamente serem proprietários ou acionistas do negócio.

Os conceitos relacionados ao intraempreendedorismo ainda são pouco conhecidos e esperamos que se tornem um paradigma importante dentro da administração. Por quê? Ora, cada vez mais as organizações precisam inovar e criar diferenciais – por meio de sua força de trabalho – para superar os imensos desafios que surgem na economia, nas novas relações com os clientes (novas maneiras de pensar, pesquisar e decidir) e nas demandas referentes à sustentabilidade.

Em relação ao intraempreendedorismo, o termo tem sua origem nos estudos de Gifford Pinchot III e Elizabeth S. Pinchot, que publicaram em 1978 o artigo Intra-corporate Entrepreneuship pela School for Entrepreneurs, na cidade de Nova York, EUA. Os autores fazem uma análise das novas complexidades do mundo organizacional e dos empreendedores e a consequente necessidade de respostas rápidas às demandas de um mercado em ebulição. O intraempreendedorismo deveria ser entendido, pesquisado, estimulado e planejado pelas organizações, para que estas possam atender às novas demandas da sociedade e conquistar a liderança através da inovação e de um modelo de gestão que favoreça o "empreendedor corporativo".

Existe um consenso entre os estudiosos a respeito do papel do Gifford Pinchot no desenvolvimento do tema. Antes de seus estudos, acreditava-se que uma pessoa só poderia ser empreendedora se abandonasse o seu emprego e criasse uma nova empresa. A evolução do conceito e a própria dinâmica da economia tornou essa visão limitada, já que diversas organizações, para sobreviver, trouxeram o próprio colaborador inovador para a sociedade da empresa, oferecendo cotas de participação e aumentando, assim, o seu leque de negócios. No Brasil, esse modelo tem crescido cada vez mais, principalmente em empresas de serviços como consultorias, escritórios de advocacia e empresas de tecnologia da informação.

Outra tendência verificada atualmente é o oferecimento da participação acionária ao gestor que assume uma nova loja da companhia. Com essa filosofia alicerçada na cultura da empresa, o colaborador já se sente mais próximo de "ter o seu próprio negócio", e pode agir como um intraempreendedor, buscando empreender e inovar, sem a necessidade de se desligar do emprego.

É pertinente observar que o surgimento do conceito de intraempreendedorismo no final da década de 1970 se dá em meio a um conjunto de mudanças sociais e econômicas que ocorriam no mundo.

Identificamos, nesse período, principalmente a partir da década de 1980, os estudos enfatizando o sucesso do modelo japonês de gestão. Os japoneses destacaram-se no cenário econômico internacional com resultados positivos de produtividade obtidos com a implementação de técnicas de reestruturação de processos – centradas na automação de atividades – e o desenvolvimento de um modelo de gestão que reconhecia e valorizava o ser humano individual e o trabalho em equipe.

Assim, os modelos de produção tornavam-se cada vez mais descentralizados, enxutos, ágeis e flexíveis. A globalização e os novos paradigmas tecnológicos foram os principais direcionadores das mudanças, especialmente no setor produtivo, afetando fortemente a estrutura social. A produção tornou-se menos dependente da economia de escala, abrindo espaço para as pequenas e médias empresas e o desenvolvimento de alianças estratégicas entre as organizações. Para uma adequação ao novo paradigma, as organizações implantaram, sucessivamente, programas, técnicas e métodos visando o aumento da produtividade, à redução de custos, ao maior envolvimento das pessoas nas decisões do dia a dia e outras alternativas que pudessem garantir a sobrevivência às mudanças.

Enquanto isso, na área acadêmica, as pesquisas relacionadas ao empreendedorismo tomam vulto, principalmente no final da década de 1980. Neste período, destaca-se o trabalho do professor canadense Louis Jacques Filion, que continua sendo bastante relevante e atual, quando se pretende entender as características dos empreendedores e sua forma de atuação. Filion aprofunda o papel da visão do empreendedor no desenvolvimento de empresas de sucesso e identifica alguns elementos que funcionam como suporte a essa visão, tais como a energia despendida no trabalho, o sistema de relações (rede de relacionamento), o conhecimento a respeito do setor de atuação, a liderança e autoestima.

Complementarmente, podemos acrescentar aqui o valor do autoconhecimento. Muitas vezes, o sucesso de uma empresa é proporcional ao nível de autoconhecimento que o empreendedor tem de si. Isso faz com que o negócio criado esteja alinhado com o modo de ser do empresário, diminuindo assim os riscos de descontinuidade e a falta de perseverança e dedicação, qualidades importantíssimas verificadas na personalidade de empreendedores que se destacam.

Colocar em prática a forma de ver o mundo e os comportamentos de um empreendedor de sucesso torna-se o grande desafio do empreendedor interno. Enquanto o empreendedor precisa superar diversos obstáculos como a falta de recursos, intempéries econômicas e pessoas que não "acreditam" no seu sonho, o intraempreendedor, além de tudo isso, possui a desafiadora missão de quebrar as barreiras criadas pelas organizações, com sua burocracia e gestão pouco afeita à mudança e à inovação em novos modelos de negócio.

Capítulo 3
Conceitos Acerca do Intraempreendedorismo

> "O verdadeiro ato de descoberta consiste não em encontrar novas terras, mas em ver com novos olhos."
>
> *Marcel Proust*

Quando a 3M permitiu que a sua equipe técnica dedicasse 15% do seu tempo para projetos de sua livre escolha, uma nova revolução em gestão foi deflagrada. Esse processo teve início em 1923, quando o assistente de laboratório Richard Drew, envolvido em um projeto de desenvolvimento de lixas, teve liberdade para usar parte do seu tempo no desenvolvimento da fita crepe. Nascia um dos primeiros exemplos práticos de intraempreendedorismo. A empresa transformou-se em um *case* de sucesso, gerando centenas de inovações premiadas em diversas áreas e se tornando um centro de excelência em gestão empresarial.

O empreendedorismo interno tem chamado grande atenção de gestores e acadêmicos, assim como a capacidade de inovar tem assumido importância crítica para qualquer empresa que deseja obter uma vantagem competitiva frente à dinâmica do mercado atual.

O intraempreendedorismo surgiu para definir o tipo ideal de colaborador que as organizações do século XXI precisariam: aquele que agisse na sua função ou na sua área de atuação, com a mentalidade de um empresário, ou seja, como se fosse o dono da empresa para a qual trabalha. Dessa forma, esse profissional estaria sempre buscando novas melhorias, antecipando-se às necessidades da empresa – um profissional motivado para alcançar objetivos e metas desafiantes, para demonstrar que o seu trabalho e o de sua equipe representam a melhor forma de alcançar eficiência, qualidade e resultados superiores.

Os conceitos acerca do tema podem ser analisados sob diversos ângulos. Em primeiro lugar, o intraempreendedorismo é uma das quatro grandes escolas de pensamento a respeito do empreendedorismo corporativo, que podem ser definidas da seguinte forma:[6]

- Risco corporativo (***corporate venturing***): a criação de novos negócios deve ser gerenciada separadamente dos negócios principais da organização. Trata-se de se empreender em novos negócios que não possuem muita aderência aos produtos já existentes na organização.

- Intraempreendedorismo (***intrapreneurship***): esta abordagem concentra-se no próprio funcionário e sua propensão em agir de uma forma empreendedora. Aqui, as atitudes individuais são fortalecidas e valorizadas visando facilitar o intraempreendedorismo.

- Transformação empreendedora (***Entrepreneurial transformation***): neste caso, as empresas adaptam-se às mudanças de um ambiente em constante mutação, através de uma cultura organizacional e um conjunto de estruturas que estimule as atitudes intraempreendedoras.

- Alianças corporativas (***Bringing the market inside***): o foco desta escola está no encorajamento do comportamento empreendedor através de parcerias e alianças estratégicas com outras empresas menores que atuam em setores relacionados com a atividade principal da organização.

Assim, o intraempreendedorismo é uma área, uma subdivisão de um campo maior de estudo denominado empreendedorismo. Como o empreendedor é alguém que concebe, planeja, desenvolve e realiza visões, podemos afirmar que o intraempreendedor também vislumbra ideias, oportunidades e visões, buscando colocá-las em prática dentro das organizações. Os conceitos ligados ao ser empreendedor podem, dessa forma, ser transplantados para o ser intraempreendedor. Em seu campo de atuação, os intraempreendedores transformam ideias em realidade no interior das organizações, ou seja, são os sonhadores que fazem acontecer.

Ainda na linha de transferência de conceitos, alguns pesquisadores esclarecem que as diferenças qualitativas entre o intraempreendedor e o empreendedor são irrelevantes. Isso ocorre porque a postura, a visão de mundo e as atitudes de ambos são muito parecidas. Seja uma nova empresa ou um novo projeto interno dentro de uma organização existente, a aferição dos resultados da ação empreendedora parece seguir os mesmos critérios: inovação, conquista de imagem e mercado, performance das equipes, volume de faturamento e o retorno sobre o capital e tempo investidos.

Portanto, o intraempreendedorismo diz respeito ao ato de empreender em organizações existentes, incluindo em seu bojo diversas dimensões características, tais como a capacidade de criar novos negócios, inovação em produtos, serviços e processos, proatividade, aceitação do risco e espírito de competitividade. Possui relação direta com os indicadores de crescimento e lucratividade das organizações, sendo um elemento essencial para o seu sucesso e perpetuidade.

É oportuno ressaltar que o intraempreendedor é diferente do inventor, pois este último não imagina em detalhes todos os aspectos do novo empreendimento, enquanto aquele é capaz de relacionar as tarefas práticas para transformar um protótipo em um negócio de sucesso dentro do mercado. Além disso, possui grande imaginação e visão e, acerca do seu produto ou serviço, busca saber quem poderia ajudar no desenvolvimento de um dado projeto; quanto ele custaria; e quais seriam as primeiras atividades a serem realizadas.[7]

Em um mercado cada vez mais dinâmico, as empresas passaram a investir tempo e recursos na implantação de ambientes que estimulassem o intraempreendedorismo. Nas duas últimas décadas, a realidade demonstrou um movimento de grandes organizações que buscam enfraquecer sistemas e estruturas que dificultam o desenvolvimento de novas possibilidades e fortalecer modelos de gestão mais aleatórios, livres e orgânicos, objetivando a reinvenção e adaptação ao desafio de crescer continuamente.[8] Alguns estudos chegam a afirmar que a criação de ambientes intraempreendedores tem maior impacto nos resultados financeiros do que as características de clima organizacional.

A verdade é que vivenciamos na presente conjuntura uma verdadeira mudança de paradigma na gestão organizacional, à qual as empresas, profissionais e líderes terão de se adequar, caso desejem a perpetuidade de seus negócios.

PARTE II
Inovação e Intraempreendedorismo

O Que Iremos Discutir

- Por que as pessoas e as empresas precisam inovar?
- O que é tecnologia?
- Qual o papel das inovações tecnológicas e organizacionais para o desenvolvimento dos países e das organizações?

Capítulo 4
Inovar para Quê?

> "É muito melhor arriscar coisas grandiosas, alcançar triunfos e glórias, mesmo expondo-se à derrota, do que formar fila com os pobres de espírito que nem gozam muito nem sofrem muito, porque vivem nessa penumbra cinzenta que não conhece vitória nem derrota."
>
> *Theodore Roosevelt*

A inovação possui uma relação muito estreita com o intraempreendedorismo, já que o objetivo deste é gerar um sistema capaz de acelerar a própria inovação dentro das organizações através de um melhor uso de sua disposição intraempreendedora.

A inovação em si é um conceito que tem sido muito explorado nas instituições de pesquisa, no governo, nas organizações públicas e privadas. Quando analisamos o tema mais a fundo, verificamos a presença marcante do economista Alois Schumpeter, que coloca a inovação como base do desenvolvimento econômico. Para o autor, o termo refere-se às alterações e mudanças aplicadas a produtos, processos ou modelos de negócios. Assim, a dinâmica da economia se dá pela inovação praticada pelos empreendedores, perturbando o estado de equilíbrio existente, através de novas combinações de recursos (materiais e forças) envolvidos na produção de bens e serviços.

Essas novas combinações de recursos englobam cinco casos:[9]

1. Introdução de um novo produto ou de uma nova qualidade de um produto, sobre os quais os consumidores não estão familiarizados.

2. Introdução de um novo método de produção ou processo de distribuição.

3. Criação de um novo mercado.

4. Conquista de uma nova fonte de matérias-primas.

5. Nova organização de um determinado setor (ex.: monopólio, oligopólio etc.).

Schumpeter esclarece que a inovação está relacionada com o desenvolvimento econômico das sociedades, na medida em que gera uma dinâmica distinta e totalmente estranha ao que pode ser observado na tendência para o equilíbrio econômico. Trata-se de "uma mudança espontânea e descontínua nos canais de fluxo, perturbação do equilíbrio, que altera e desloca para sempre o estado de equilíbrio previamente existente."[10]

Dessa forma, o economista rompeu com a economia tradicional de forma radical, pois "postulava que o desequilíbrio dinâmico provocado pelo empreendedor inovador, ao invés de equilíbrio e otimização, é a norma de uma economia sadia e a realidade central para a teoria econômica."[11]

Como ponto essencial nessa discussão, Schumpeter esclarece que o fluxo da mudança, da inovação, se dá, normalmente, a partir do empreendedor para o consumidor, e não o contrário. Ou seja, as inovações

"(...) não aparecem de tal maneira que primeiramente as novas necessidades surgem espontaneamente nos consumidores e então o aparato produtivo se modifica sob sua pressão. (...) É o produtor que, via de regra, inicia a mudança econômica, e os consumidores são educados por ele, se necessário; são, por assim dizer, ensinados a querer coisas novas, ou coisas que diferem em um aspecto ou outro daquelas que tinham o hábito de usar."[12]

No prisma empresarial a inovação diz respeito à busca de novas oportunidades, ao estabelecimento de novos padrões de interação com os clientes e demais *stakeholders*, novas ferramentas estratégicas, estabelecimento de novas estruturas, enfim, uma maneira diferente de fazer as coisas que se tornou uma exigência frente às drásticas mudanças observadas nas últimas décadas dentro da sociedade, na tecnologia e no mercado.

Nesse contexto, devemos ressaltar que a inovação refere-se aos produtos e processos novos ou significativamente aprimorados introduzidos no mercado, e a qualidade do novo deve ter como parâmetro mínimo, o novo para a própria organização, podendo se ampliar geograficamente para a região, para o País ou para o mundo.[13]

A inovação sempre esteve de alguma forma presente na história das sociedades, já que a humanidade desde a sua origem, frente aos desafios do ambiente, desenvolveu a capacidade de associar e compartilhar novos conhecimentos, gerando soluções diferenciadas para o dia a dia. Dessa maneira, estas soluções, quando apresentavam um efeito positivo frente às adversidades, e quando assimiladas por outros indivíduos, representavam uma inovação e uma evolução no desenvolvimento dos grupos sociais.

A importância da inovação para a sociedade se dá pelo despontar da chamada "economia empreendedora", um novo padrão de comportamento dos agentes econômicos que se baseia principalmente: 1) na busca acelerada e constante pela inovação, para atender as demandas dos novos consumidores; 2) no predomínio da ciência e da tecnologia no processo produtivo; 3) na ênfase em pesquisa e desenvolvimento; e 4) na valorização do intangível.[14]

A partir da economia empreendedora, com a inovação como aspecto central, surge a necessidade de adaptação das organizações às inúmeras mudanças que surgem constantemente no mercado. Como esclarecido por Peter Drucker, essa adequação à dinâmica da economia torna-se possível, a partir da prática da "administração empreendedora", um modelo de gestão que possui diretrizes e princípios específicos, os quais permitem criar uma organização empreendedora baseada na inovação e no intraempreendedorismo. Os princípios[15] podem ser aplicados em qualquer empresa, vejamos:

1) A inovação deve ser parte da rotina da organização, e não ser percebida como algo que vai contra a sua natureza.
2) Todos os colaboradores devem compreender que a inovação é o melhor modo de preservar e perpetuar a organização.
3) A administração deve implementar um modelo voltado para a reflexão e julgamento constante acerca dos produtos, processos, tecnologias, mercados e procedimentos existentes.
4) Desenvolvimento de um plano de inovação estruturado, com os seus limites, prazos e objetivos específicos.
5) Utilização de práticas de gestão que estimulem o empreendedorismo interno, tais como: reuniões gerenciais com foco em oportunidades e não apenas em "problemas"; avaliação de desempenho inovador; sessões estruturadas de aprendizagem e diálogo, envolvendo todos os níveis organizacionais.

Na visão dos renomados professores Ikujiro Nonaka e Hirotaka Takeuchi, a base da inovação é a chamada criação de conhecimento, que significa a "capacidade de uma empresa criar novo conhecimento, difundi-lo na organização como um todo e incorporá-lo a produtos, serviços e sistemas". Os autores explicam, por exemplo, que a alta capacidade de inovação das empresas japonesas ocorre devido à ampla interação entre o conhecimento externo com o conhecimento interno, onde "o conhecimento acumulado externamente é compartilhado de forma ampla dentro da organização, armazenado como parte da base de conhecimentos da empresa e utilizado pelos envolvidos no desenvolvimento de novas tecnologias e produtos."[16]

Reflexão

É Possível Gerenciar o Conhecimento?

O meio empresarial e acadêmico reconhecem hoje que o conhecimento tornou-se a força propulsora do sucesso organizacional, a fonte segura de vantagem competitiva, ou seja, o principal ativo competitivo das empresas que querem sobreviver no atual ambiente globalizado. Estamos vivendo a chamada "Era do Conhecimento", a terceira onda, que suplantou a era da industrialização, tendo agora o conhecimento como base da economia e da gestão eficiente das organizações modernas.

Um modelo de gestão, voltado para a inovação e para o empreendedorismo, deve considerar, necessariamente, a Gestão do Conhecimento como um elemento-chave dentro desse processo. Essa disciplina – conhecida no mundo como Knowledge Management (KM) – é um campo de desenvolvimento novo na ciência da administração, consolidando-se, atualmente, como uma forte tendência e importante ferramenta na gestão de empresas.

O conceito de "gerenciamento do conhecimento" não é algo novo. No passado, dirigentes de empreendimentos, em uma concepção predominantemente familiar, passavam direta e pessoalmente os seus conhecimentos sobre o negócio aos seus sucessores. Também os mestres-artesãos ensinavam pessoal e laboriosamente os seus saberes a aprendizes por eles escolhidos. Trabalhadores desenvolviam competências por meio da troca de ideias e experiências sobre o trabalho.[1]

Porém, foi somente a partir de 1990 que os pesquisadores da disciplina da administração de empresas e os próprios gestores e dirigentes empresariais passaram a utilizar, de modo visível, o gerenciamento do conhecimento da maneira que hoje entendemos, com a utilização de metodologias estruturadas e o auxílio da tecnologia da informação.

Atualmente, existem várias abordagens e definições para a Gestão do Conhecimento, bem como algumas discussões acadêmicas sobre esse tema. Em termos gerais, a Gestão do conhecimento é denominada como "a formalização das experiências, conhecimentos e expertise, de forma que se tornem acessíveis para a organização, e esta possa criar novas competências, alcançar desempenho superior, estimular a inovação e criar valor para seus clientes." É a disponibilização do conhecimento certo para as pessoas certas, no momento certo, de modo que estas possam tomar as melhores decisões para a organização.

O tema é por demais abrangente. A Gestão do Conhecimento possui um caráter interdisciplinar e perpassa diferentes domínios da administração, relacionando-se diretamente com os conceitos de gestão por competências, aprendizagem organizacional, educação corporativa, inteligência organizacional, gestão de inovações, dentre outras áreas.

No entanto, de acordo com o consultor de empresas Karl Albrecht, a Knowledge Management – KM está ancorada em uma base errônea, pois não é possível gerenciar e controlar o conhecimento que emerge do ser humano. Para o consultor, gestão pressupõe "impor algum tipo de ordem sobre o conhecimento – exatamente o que não se deve fazer. O que

> podemos e devemos fazer é gerenciar as circunstâncias em que o conhecimento pode prosperar. Em outras palavras, a ideia seria gerenciar culturas de conhecimento."
>
> Nota
> 1 HANSEN, M.; NOHRIA, N.; TIERNEY, T. *What's your strategy for managing knowledge?* Harvard Business Review, p. 106-116, mar./abr. 1999.

Os autores ressaltam algumas práticas que favorecem o processo de inovação dentro das organizações, são elas:

1) Estímulo à criação de novos conhecimentos por meio de *insights* e intuições, já que estes aspectos encontram-se no âmago da inovação.
2) Maior permissão para erros, na medida em que os funcionários podem realizar projetos inovadores sem medo de serem penalizados.
3) Estímulo à formação de equipes multifuncionais e ambientes no qual podem ocorrer intensas interações entre os colaboradores.
4) Manutenção de uma abordagem adaptativa, dinâmica e flexível no desenvolvimento de projetos e produtos.
5) Desenvolvimento da capacidade de adquirir, acumular, recategorizar e recontextualizar conhecimento, para utilização pelos membros da organização.
6) Interação com clientes, a fim de colher informações sobre necessidades, demandas e opiniões sobre os produtos e a empresa.

Nessa linha da gestão do conhecimento e sua relação com a inovação, a professora e especialista no assunto Carla O´Dell[18] esclarece que existem quatro fatores facilitadores desse processo:

1. Liderança: diz respeito ao papel da liderança no processo de gestão do conhecimento, por meio do compromisso e o direcionamento dos gestores da organização.

2. Cultura Organizacional: para se criar a cultura do conhecimento na organização, é preciso assumir uma postura visionária em relação às formas de estímulo à inovação, demonstrando sempre a valorização da experiência dos funcionários e do seu conhecimento, considerados elementos-chave para a transmissão de conhecimento. Uma vez iniciado o processo de compartilhamento, este tende a se autoperpetuar, pois os indivíduos identificam a necessidade de se ajudarem mutuamente. Dessa maneira, para que as características de uma organização do conhecimento possam ser desenvolvidas, é preciso uma cultura corporativa capaz de dar o devido suporte a esse processo.

3. Medição e avaliação: refere-se à existência de práticas de medição e avaliação necessárias para garantir a receptividade, apoio e compromisso com a organização do conhecimento. Devem ser medidos e acompanhados o desempenho, o comportamento e as atitudes para que se possa efetuar o devido reconhecimento e a recompensa dos colaboradores e justificar os investimentos na gestão do conhecimento.

4. Tecnologia da Informação e comunicação: o uso da tecnologia da informação, caracterizado em sistemas de informação, pode ser utilizado como facilitador no processo de transformação do conhecimento tácito em conhecimento explícito através da codificação para o armazenamento num banco de dados, para posterior navegação, recuperação

e disseminação. Porém, para que os sistemas de informação possam auxiliar no processo de gestão do conhecimento, é necessário que exista uma grande relação de confiança entre a empresa e os funcionários, para que eles se sintam compelidos a compartilhar o seu conhecimento, tornando os sistemas de informação ferramentas para aumentar o estoque e o fluxo de conhecimento na empresa.[19]

Reflexão

A Importância das Perguntas para a Inovação

E por que perguntar? Eis a questão.

Tenho refletido ultimamente: meus melhores professores e líderes foram aqueles que nunca ofereciam rapidamente respostas às minhas indagações. Parece engraçado, mas no final das contas, quase sempre eu chegava a uma boa solução e o processo era "apenas" facilitado pelo meu líder-questionador. Consciente ou inconscientemente, eles estavam utilizando uma das melhores técnicas para estimular o meu crescimento pessoal e profissional.

Consultores, psicólogos, professores e líderes empresariais têm, cada vez mais, ressaltado o valor de uma cultura que incentive as habilidades de questionamento para a busca de soluções inovadoras e o desenvolvimento das competências. Como esclarece Andrew Finlayson, autor do livro Perguntas que Resolvem[1], "os novos tempos exigem agilidade no questionamento e a qualidade das perguntas determinam o sucesso da empresa e do indivíduo".

E para que perguntar?

De acordo com o psiquiatra e cientista Augusto Cury, a técnica de promover perguntas em ambientes de aprendizagem é uma das mais eficazes maneiras de desenvolver a mente humana. A pergunta aciona mecanismos de memória que desenvolvem a criatividade e a busca por respostas inovadoras. Isso vale para empresas, escolas, faculdades, enfim, para qualquer tipo de organização, bem como para grupos de qualquer idade.

E a minha empresa é um ambiente de aprendizagem?

A inovação é a base para o sucesso empresarial de hoje. E só temos inovação através de uma cultura aberta voltada para o questionamento e a aprendizagem. É por meio desse questionamento ativo que podemos influenciar o pensamento e a atitude voltada para a inovação, estimulando o comportamento empreendedor e a criação de novos conhecimentos, recriando, dessa forma, a organização em todos os seus aspectos. Temos, então, novos processos, produtos e serviços que melhor atendem o nosso cliente.

E eu, como líder, tenho responsabilidade com essa cultura de questionamento?

Peter Drucker, o eterno "Pai da Administração", disse que o líder do passado é aquele que sabe o que dizer e o líder do futuro será aquele que sabe fazer perguntas.

O papel do líder é desenvolver e estimular continuamente uma cultura em que as próprias pessoas cheguem às respostas fundamentais do negócio. Ao refletirem e buscarem as soluções para as necessidades do dia a dia, eles assumem com mais força as suas responsabilidades. A motivação também aumenta e a melhoria da comunicação avança em grande escala, pois são desafiados.

Deveríamos lançar um manifesto a favor da pergunta! Vejo, na prática, que as empresas e líderes que estimulam uma cultura do questionamento em seu ambiente levam grande vantagem em relação às organizações onde impera o autoritarismo – muitas vezes disfarçado – e a ausência de abertura das pessoas em relação ao aprendizado e às novas ideias.

E perguntas demais não atrasam a tomada de decisão em minha empresa?

O escritor americano S. Tobin Webster disse certa vez que para encontrar a resposta exata é preciso antes fazer a pergunta exata. Isso não dá o que pensar?

Não há dúvida de que a elaboração de perguntas exige tempo e reflexão. Mas, o que vemos na prática é que as perguntas certas dão foco e poupam tempo. O questionamento positivo focado na solução age como um filtro no turbilhão de informações o qual estamos sujeitos com a tecnologia e as comunicações instantâneas.

Dessa maneira, conseguiremos tomar decisões corretas, respaldadas em informações mais precisas e realistas. É como querer desenvolver um novo modelo de negócio ou criar um novo serviço para o seu cliente. Qual a melhor forma de fazer isso? Planejando. E qual é a base de um planejamento bem feito? Perguntas, perguntas e mais perguntas. É melhor reservar um tempo agora, pensando e planejando através dos questionamentos corretos, do que arcar com estresses desnecessários, prejuízos e desperdícios no futuro.

Então fica a pergunta para você:

Como está o nível de questionamento na sua empresa?

Nota
1 FINLAYSON, Andrew. *Perguntas que Resolvem*. Rio de Janeiro: Campus, 2002.

O fato é que devido às rápidas transformações pelas quais têm passado as sociedades, as organizações e as pessoas nas últimas décadas, o processo de aprendizagem organizacional assume crescente relevância, já que este conceito está relacionado com a mudança em todos os sentidos, envolvendo a elaboração de novos mapas cognitivos, mudanças de comportamentos, de novas compreensões e percepções tanto em nível individual como também organizacional.[21] Portanto, não podemos deixar de enfatizar as questões do conhecimento e da aprendizagem como importantes impulsionadores da inovação.

Outro aspecto pertinente é que a inovação constitui-se no elemento que propicia o crescimento contínuo de uma organização, pois a vantagem competitiva adquirida não consegue ter vida longa devido à imitação da concorrência, exigindo da empresa um espírito empreendedor além de uma implementação de um processo de inovação sistemático. O Quadro 1 resume os fatores que encorajam e desencorajam a inovação nas organizações.

Quadro 1: Fatores que encorajam ou desencorajam a inovação nas empresas.

FATORES QUE ENCORAJAM A INOVAÇÃO	FATORES QUE DESENCORAJAM A INOVAÇÃO
Visão e cultura que dão suporte à inovação, ao crescimento pessoal e à tomada de risco.	Burocracia e conservadorismo no processo decisório.
Apoio da alta gerência e motivação aos campeões organizacionais.	Falta de apoio gerencial ou de motivação aos campeões organizacionais e técnicos.

Trabalho em equipe e colaboração; hierarquia gerencial uniforme.	Liderança autoritária e hierarquia tradicional.
Processo de aprovação descentralizado.	Processos de aprovação difíceis.
Valorização das ideias de todos os funcionários.	Atenção dada apenas às ideias de algumas pessoas (pesquisadores ou gerentes).
Comunicações excelentes.	Escritórios com portas fechadas.
Doações para inovação e tempo livre para trabalhar nos projetos.	Recursos inadequados dedicados às atividades empreendedoras.
Grandes recompensas para empreendedores bem-sucedidos.	Penalidades duras para as falhas.
Foco em aprendizado.	Ênfase exclusiva em resultados mensuráveis.

Fonte: Harrison (2005, p. 166).

Na Google, por exemplo, um dos valores corporativos é "Erre rapidamente – assim você pode tentar outra coisa novamente". Com essa estratégia, centenas de produtos são desenvolvidos e inseridos no mercado, havendo uma sistemática de lançamento de novos produtos, cada vez mais presentes na vida das pessoas.

Vemos que a inovação é um fator primordial para a manutenção e o aumento da competitividade das organizações, tornando-as diferenciadas e capazes de concorrer em um mercado cada vez mais dinâmico e mutável. Devido às rápidas mudanças dos anseios dos consumidores, da tecnologia e da concorrência, as empresas devem desenvolver um fluxo permanente de novos produtos e serviços, ou seja, a prática da inovação contínua e planejada.

Neste contexto, o estudo realizado pela consultoria McKinsey & Company[22] com trinta empresas vitoriosas ainda é uma referência. De acordo com a pesquisa, as organizações devem manter uma "tubulação" que mantenha o fluxo contínuo de iniciativas que visem à geração constante de lançamentos e inovações. Dessa forma, o foco da organização deve ser tanto no curto, como no médio e longo prazo. O "modelo dos três horizontes" – como foi denominado – demonstra que o segredo é gerenciar as oportunidades de negócio de acordo com três pontos de vista: estender e defender os negócios atuais; construir novos empreendimentos; e semear opções para negócios futuros.

Os três horizontes devem ser administrados simultaneamente e não consecutivamente. Em resumo, suas características são as seguintes:

> **Horizonte 1:** compreende as atividades que estão no âmago da organização – aquelas em que os clientes e analistas de mercado prontamente identificam com o nome da organização. Essas atividades, normalmente, são responsáveis pela maior parte dos lucros e fluxo de caixa. São essenciais para o desempenho no curto prazo, e para o caixa que geram; em suma, fornecem os recursos para o crescimento. Normalmente ainda lhes resta algum potencial de crescimento, mas, eventualmente, vão se estabilizar e entrar em declínio.

> **Horizonte 2:** são as atividades que estão em ascensão: atividades empresariais nas quais um conceito está criando raízes ou cujo crescimento está se acelerando. São as estrelas emergentes da empresa. Elas podem transformar a organização, mas não sem um investimento considerável. Embora lucros substanciais possam estar a quatro ou cinco anos de distância, essas atividades já tem clientes e renda, e podem até gerar algum lucro. A expectativa é que sejam tão lucrativas quanto às do horizonte 1.

Horizonte 3: contém as sementes dos negócios de amanhã – opções ou oportunidades futuras. São mais do que ideias, são atividades e investimentos reais. São os projetos de pesquisa, inovações que são pensados para atender necessidades futuras, de gerações que hoje são bastante jovens, mas que serão o modelo de consumo nos anos vindouros.

É importante diferir também os conceitos de inovação e invenção, o que permite deixar mais clara a conexão entre intraempreendedorismo e inovação. Devemos atentar que a invenção é a criação de uma ideia genial, de um novo conceito, que possui uma nova utilidade em potencial. Já a inovação envolve tanto a invenção como os passos seguintes para a transformação da nova ideia em um negócio de sucesso, ou seja, a chamada implementação ou desenvolvimento comercial.[23]

A inovação e a invenção também podem ser explicadas a partir do conceito de alteração técnica. Esta consiste na produção de um produto ou serviço diferente ou uso de método ou insumo diferente. Se a alteração técnica resulta em um produto inédito, tem-se uma invenção. A inovação diz respeito à aplicação comercial das invenções. Os investimentos em pesquisa e ciência podem gerar invenções que podem, eventualmente, ser transformadas em inovações, tais como bens, serviços e métodos, através da atuação empreendedora.[24]

Como podemos observar, a criatividade humana é um fator essencial para a criação de inovações nas organizações. Porém, mais importante que a criatividade, é saber olhar para o futuro, é ter intuição e informações acertadas para estruturar os novos projetos da forma mais adequada e adaptada à realidade da empresa.

Concluímos, portanto, de acordo com as ideias e conceitos apresentados, que a inovação – o espírito inovador – é a base da personalidade e da atuação do intraempreendedor, o qual não somente formula ideias, como também desenvolve planos detalhados para colocar em prática os seus projetos dentro da organização.

Reflexão

Inovação e Loucura

Seja qual for o tipo de inovação – técnica, social ou organizacional – é ela que transforma o mundo, as empresas e as pessoas. Quando o ser humano sai da normalidade, do previsto, do padrão, a sua mente é literalmente sacudida, fazendo-o rever seus paradigmas e conceitos. É daí que acontece a evolução social, econômica e espiritual da humanidade. A máxima de Albert Einstein continua atual e talvez assim sempre será: **"Se à primeira vista a ideia não for absurda, não há esperança para ela."**

Assimilar e praticar o conceito da inovação deveria ser a palavra de ordem para os intraempreendedores que pretendem se destacar e atingir o sucesso em suas organizações.

Ninguém irá vencer fazendo o que todo mundo faz, da mesma forma, todos os dias.

Os melhores profissionais trabalham de forma diferente e fogem do padrão de comportamento humano estabelecido. Eles inovam, fazem diferente, abordam de maneira singular os seus clientes internos e externos, repensam constantemente suas atividades diárias e desenvolvem formas diferentes de solucionar os problemas de sua empresa.

Vejamos o exemplo de Steve Jobs, um dos símbolos da inovação do século XXI. Com suas atitudes, muitas vezes foi designado de louco, porque fugia do normal, do padrão. Criou um império baseado na inovação, não apenas de seus produtos, mas principalmente do seu marketing e da gestão do negócio. Como ele mesmo aconselhava: "Continue sempre insatisfeito, e continue sempre louco". A loucura aqui significando a quebra de paradigmas amplamente aceitos pela sociedade.

A prática da inovação deveria começar em casa, no trato com a família, nas relações com os amigos. As crianças são *experts* nisso. Não estão preocupadas com o "que vão pensar dela". Fazem perguntas "absurdas" para os adultos intelectivos, porém de uma profundidade sem tamanho. Ficamos sem resposta, muitas vezes.

Mas como tudo é uma questão de hábito, que tal iniciarmos novas formas de agir e pensar em nossos ambientes pessoais e profissionais?

Capítulo 5
O Papel das Inovações Tecnológicas

"É preciso provocar sistematicamente confusão. Isso promove a criatividade. Tudo aquilo que é contraditório gera vida."

Salvador Dali

As questões referentes à inovação e ao papel da tecnologia no desenvolvimento organizacional ganharam impulso e uma nova dimensão a partir dos estudos de Schumpeter, no início do século XX.

No âmbito da economia, em uma visão schumpeteriana, a inovação tecnológica corresponde a um tipo de mudança no processo produtivo, que visa o aumento da produtividade, ou seja, a produção de produtos de uma forma mais automatizada, gerando o lucro empresarial como resultado da realização de novas combinações de materiais e forças.

Inicialmente, precisamos deixar claro o conceito de tecnologia, apesar de haver uma grande diversidade de visões sobre o tema. Nesse sentido, existe atualmente um volume considerável de assuntos conceituados e estudados sob o "guarda-chuva" tecnologia. Em termos gerais, a tecnologia pode ser definida como "a aplicação sistemática do conhecimento científico ao processo produtivo, especialmente com objetivos industriais ou comerciais, incluindo todo o conjunto de conhecimentos, técnicas, métodos, produtos, equipamentos e materiais que podem ser usados de forma combinada para tais objetivos, tendo como finalidade a satisfação das necessidades humanas pela transformação de insumos em produtos e serviços."[25]

Dentro dessa perspectiva de aplicação do conhecimento ao processo produtivo, a tecnologia torna-se uma função organizacional que engloba as funções de produção, engenharia, desenvolvimento, pesquisa, marketing e serviços técnicos. Como consequência, a tecnologia deve trabalhar de maneira integrada com as funções Marketing, Finanças, Comercial e Recursos Humanos, objetivando sustentar a estratégia competitiva de uma organização.[26]

Existem diversas abordagens sobre tecnologia encontradas na literatura sobre gestão de empresas. As definições aparecem ora de forma mais restrita — tecnologia como artefatos materiais — ora de forma mais abrangente – transformação de *inputs* em *outputs* por meio de processos físicos, intelectuais e de conhecimentos – ou a tecnologia como conhecimento que pode ser estudado, codificado e repassado a outras pessoas.[27]

Para sermos didáticos, podemos analisar o sistema tecnológico como sendo constituído por tecnologias mecânicas, tecnologias de conhecimento e tecnologias humanas utilizadas para transformar *inputs* em *outputs* no contexto produtivo. As tecnologias mecânicas estão relacionadas com os equipamentos e ferramentas físicas; as tecnologias humanas referem-se às habilidades e energia física das pessoas; e as tecnologias de conhecimento significam os conceitos abstratos usados no processo produtivo.[28]

Observamos que o termo tecnologia assume diversas conotações para designar um conjunto de métodos, procedimentos e conhecimentos relacionados a determinado setor econômico ou unidade organizacional. Alguns exemplos encontrados em livros e artigos sobre o assunto são a Tecnologia de distribuição, Tecnologia de *hardware* e *software,* Tecnologia digital, Tecnologia da informação, Tecnologia química, Tecnologia de gestão, Tecnologia educacional, Tecnologia biomédica, Tecnologia de computação, dentre outros.

Dessa forma, o termo tecnologia tem sido muitas vezes, de forma indiscriminada, generalizado para outras áreas, dificultando o seu correto entendimento, o qual, como visto, está relacionado com o processo produtivo através dos produtos, processos, equipamentos e sistemas de informação.

A *Organization for Economic Cooperation and Development* – OECD apresenta uma visão mais generalizada da inovação tecnológica, destacando-a como a "transformação de uma ideia em um novo produto, ou em um produto aprimorado introduzido no mercado, em um novo processo ou em um processo aprimorado utilizado na indústria ou comércio, ou em uma nova abordagem de um serviço social."[29]

Nesse conceito mais amplo de inovação, incluem-se as chamadas "atividades de inovação", que compreenderiam atividades tecnológicas, organizacionais, financeiras e comerciais, tais como a aquisição de máquinas, engenharia industrial, atividades de comercialização e lançamento dos novos (ou aprimorados) produtos, planos, desenhos e aspectos operacionais relacionados ao processo de fabricação ou de modelos de negócio.

Quando se aborda a inovação tecnológica, é preciso evidenciar também o papel da tecnologia da informação, a qual está mudando rapidamente a natureza das organizações e a estruturação do processo decisório. Neste sentido, podemos destacar algumas inovações transformadoras presentes, hoje, no mundo organizacional:

1) Equipamentos de telecomunicações globais capazes de unir unidades organizacionais dispersas.
2) Tecnologias de apoio à decisão baseadas no rápido processamento de informações.
3) Tecnologias que permitem discussões remotas por meio de teleconferência, aumentando a conectividade e a interdependência.
4) Tecnologias que permitem a criação de comunidades virtuais *on-line*.[30]

Diversos estudiosos têm enfatizado a importância das inovações tecnológicas ligadas à tecnologia da informação, o que permitiu também, nesses últimos anos, a chegada de vários conceitos nas ciências administrativas e econômicas, sendo a chamada "Economia da informação" o aparato teórico que busca explicar os princípios e padrões dos mercados baseados na informação, no conhecimento e na tecnologia.

A Economia da Informação é uma área da economia que consiste em explicar os novos padrões das estruturas e meios de produção surgidos a partir do aprofundamento da tecnologia da informação, em que a própria informação passa a ser considerada como uma mercadoria e um recurso essencial para o desenvolvimento do capitalismo. Essa "nova" economia possui as mesmas leis básicas da teoria econômica, porém as novas tecnologias, principalmente a internet, têm modificado a forma como as empresas se estruturam, se comunicam e produzem seus produtos e serviços para atender as demandas da sociedade.[31]

Cabe às organizações entenderem profundamente essa realidade tecnológica e as suas consequências para a gestão organizacional. Independentemente do tamanho de uma empresa, podemos utilizar diversas ferramentas existentes no mercado para estruturar modelos de intraempreendedorismo ou desenvolver internamente tecnologias que servirão de base para novos produtos e serviços.

Capítulo 6
O Papel das Inovações Organizacionais

"Todas as inovações eficazes são surpreendentemente simples. Na verdade, maior elogio que uma inovação pode receber é haver quem diga: isto é óbvio. Por que não pensei nisso antes?"

Peter Drucker

Considerando-se que a inovação surge para atender às necessidades e aos desafios das organizações e das pessoas, observamos mais claramente o papel da inovação organizacional a partir da segunda metade do século XIX, com o aprofundamento da Revolução Industrial, que gerou inúmeras consequências para a sociedade, principalmente no que diz respeito ao desenvolvimento e aumento da complexidade das empresas. O aparecimento exponencial de novas tecnologias, invenções, inovações técnicas e a tendência de concentração do capital ocasionaram o surgimento de grandes fábricas responsáveis por empregar, em um só local, centenas e às vezes milhares de seres humanos.[32]

Dentro desse contexto de grandes mudanças econômicas, sociais e demográficas, muitos estudiosos e profissionais começaram a perceber o quão difícil se tornavam a organização e o controle dessas grandes empresas, as quais precisavam lidar com diversas variáveis, ao mesmo tempo em que buscavam garantir o lucro necessário à manutenção do empreendimento e a remuneração do capital investido. Já no início do século XX, grandes empresários como Ford, Rockefeller dentre outros, estavam com bastantes problemas em seus conglomerados, principalmente no que tange à gestão dos empregados.

Como havia a necessidade de produção em massa, devido à demanda sempre crescente e a exploração de novos mercados, a relação empregado x empregador parecia ser a mais complexa. Vejamos resumidamente os principais desafios daquela época:

1. Altíssimas taxas de rotatividade da mão de obra.
2. Pressão por produtividade.
3. Baixa qualificação dos empregados.
4. Necessidade de adaptação às novas tecnologias, como a linha de montagem.
5. Modelos de remuneração capazes de gerar motivação e produtividade.

Reflexão

O Contexto do Surgimento da Administração de Empresas

O surgimento da administração como ciência, deu-se em meio a um conjunto de mudanças econômicas, sociais e tecnológicas em efervescência na segunda metade do século XVIII. Os novos paradigmas como a divisão do trabalho, ressaltado por Adam Smith em 1776, o florescimento do comércio, o crescimento das cidades, a urbanização, o mercado em expansão e o aparecimento de novas tecnologias como a máquina a vapor, são alguns dos aspectos essenciais que favoreceram o nascimento da Revolução Industrial e, consequentemente, o campo da Teoria Organizacional e das inovações organizacionais.

Diversas pesquisas foram realizadas para tentar explicar as razões do surgimento dessa revolução, iniciada na Europa ocidental. O escritor David S. Landes[1] oferece uma visão bastante ampliada dos acontecimentos e mudanças que ocorriam naquele continente a partir do fim da baixa idade média, os quais parecem explicar a sua vantagem na criação da moderna indústria. Os principais pontos ressaltados pelo autor são a revolução científica, a ânsia de dominação das leis da natureza, o materialismo, o espírito de racionalidade, a abertura para o aprendizado, o estímulo à competição – já que o continente estava dividido em Estados nacionais – e o conteúdo ético do protestantismo, que levou ao pragmatismo e à adoção de novas tecnologias.

Outros aspectos não muito éticos (perversos?) também colaboraram com o desenvolvimento inicial da revolução industrial no antigo continente. São eles: a exploração de territórios coloniais, os metais e pedras preciosas retirados das terras "conquistadas" e o comércio de escravos. Essas ações favoreceram de certa forma a acumulação de capital pelos países europeus, o que seria fundamental para a construção das novas estruturas de produção.

Com as novas tecnologias em ascensão a partir do século XVIII, acelerou-se a fusão das pequenas oficinas domiciliares em grandes fábricas, com centenas de operários reunidos. Surge, nesse momento, a necessidade de racionalização do trabalho, em prol da produtividade e da geração de lucros. Era preciso, a partir de então, "uma clara e efetiva política gerencial e técnicas racionalizantes do trabalho, a fim de se obter lucros e, portanto, remuneração do capital investido."[2]

Evidentemente, o novo paradigma trouxe inúmeras consequências para os novos industriais e para a massa humana, proveniente principalmente dos campos e pequenas cidades. Novos métodos de direção, como a centralização dos operários sob uma ferrenha disciplina, seriam objetos de muitos estudos e críticas de cientistas sociais, psicólogos e historiadores.

O filósofo francês Michel Foucault fez uma observação bastante fiel do novo modelo de organização presente nas novas estruturas produtivas, em que ele diz:

"Nas fábricas, o princípio do quadriculamento individualizante se complica. Importa distribuir os indivíduos num espaço onde se possa isolá-los e localizá-los; mas também articular essa distribuição sobre um aparelho de produção que tem suas exigências próprias. É preciso ligar a distribuição dos corpos, a arrumação espacial do aparelho de produção e as diversas formas de atividade."[3]

O início da revolução industrial trouxe ainda novas formas de exploração de trabalhadores. Via-se homens, mulheres e crianças trabalhando de quatorze a dezesseis horas em condições sub-humanas. O escritor Leo Huberman, em seu célebre livro História da Riqueza do Homem[4] destaca o exemplo de uma fábrica na Inglaterra, em que "os fiandeiros trabalhavam 14 horas por dia em uma temperatura de 26 a 29°C, sem terem permissão de mandar buscar água para beber". Estavam ainda sujeitos a penalidades e multas caso assobiassem, deixassem a janela aberta ou tomassem banho no trabalho. As lesões sofridas no trabalho eram tão comuns, que simplesmente eram consideradas um dos riscos de se ter um emprego. Crianças e adultos, muitas vezes, ficavam mutilados ou desfigurados em acidentes na fábrica.[5]

É nesse contexto que surgem iniciativas mais aprimoradas, com o objetivo de tornar a fábrica altamente produtiva através de métodos de controle dos fatores de produção e da administração das pessoas.

O professor Fernando Garcia[6] cita, por exemplo, o caso do empresário Robert Owen, que procurou equilibrar a relação máquina x homem, desenvolvendo métodos de administração industrial voltados para o controle de produção, ao mesmo tempo em que buscava melhorar as condições de trabalho, através da gestão participativa e do oferecimento de benefícios que consideravam os outros aspectos do homem moderno como a educação, moradia, saúde e estabilidade.

No entanto, o século XIX presenciou um grande desequilíbrio entre capital e trabalho, em que o ambiente organizacional foi se tornando cada vez mais hostil para os trabalhadores, enquanto as demandas do mercado e os lucros aumentavam de forma exponencial. Dessa forma, os empresários observaram a grande dificuldade em aumentar a produtividade da indústria, por meio de pessoas eficientes, capazes de assimilar as novas tecnologias e de se adaptarem à disciplina da fábrica.

Observava-se a necessidade de uma ciência administrativa, de um modelo gerencial, a fim de que as variadas demandas da organização fossem atendidas. A dura disciplina e as más condições de trabalho nas fábricas não conseguiriam perdurar, frente a expansão dos mercados, ao crescimento demográfico e ao desenvolvimento das novas tecnologias.

Dessa forma, na primeira metade do século XIX, uma ciência administrativa foi se esboçando, em decorrência das demandas das organizações que se tornavam cada vez mais concentradas e complexas. Era imperioso formar e gerenciar uma força de trabalho estável, capacitada e experiente, e implantar técnicas administrativas que atendessem as demandas de recrutamento e treinamento de pessoal, estabelecimento de relações industriais, remuneração, controle da produtividade e provisão de saúde, habitação e educação para a nova classe trabalhadora.

Na segunda metade do século XIX, o mundo presenciou importantes acontecimentos no âmbito da economia, política e das organizações. Novas invenções e a consequente evolução dos transportes e comunicações proporcionaram uma maior internacionalização da economia. Um novo imperialismo estava em expansão, com as potências mundiais buscando matérias-primas e mercados. Enquanto isso, corporações se fundiam, formando grandes grupos empresariais cartelizados.

É nesse contexto, no final do século XIX, que surgem as primeiras pesquisas de Frederick Taylor e a posterior conformação da chamada Administração científica, baseada em alguns princípios: o estudo sistemático do trabalho, visando descobrir o método mais eficiente de executar cada tarefa; a especialização máxima do trabalho; a premissa do *Homo economicus*, que possui o foco em maximar os seus ganhos financeiros; a seleção científica e o desenvolvimento progressivo do trabalhador; e a constante e íntima cooperação de gestores e trabalhadores visando a produtividade e a eliminação de conflitos.

Notas
1 LANDES, D. S. *Prometeu Desacorrentado*. Rio de Janeiro: Nova Fronteira, 1994.
2 GARCIA, F.C. *Repesando o Paradigma Taylorista na Ciência Administrativa: um ensaio sobre os primórdios da racionalização do trabalho*. Belo Horizonte: CAD, 1981 (Tese para Professor Titular da FACE-UFMG).
3 FOUCAULT, M. *Vigiar e Punir*. Petrópolis: Vozes, 1987, p.132.
4 HUBERMAN, L. *História da Riqueza do Homem*. Rio de Janeiro: Zahar, 1959.
5 IVANCEVICH, J.M. *Gestão de Recursos Humanos*. São Paulo: McGraw-Hill, 2008.
6 GARCIA, F.C. *Repesando o Paradigma Taylorista na Ciência Administrativa: um ensaio sobre os primórdios da racionalização do trabalho*. Belo Horizonte: CAD, 1981 (Tese para Professor Titular da FACE-UFMG).

Surgem, então, neste momento de alta complexidade, os primeiros trabalhos de cunho científico na administração, gerando, o que se pode chamar, de as primeiras inovações organizacionais da indústria moderna.

Os engenheiros Frederick Winslow Taylor e Henri Fayol foram os expoentes na construção dessas inovações de gestão, no início do século XX. Ambos visavam o aumento da eficiência: Taylor, por meio da organização racional do trabalho, e Fayol, por meio da definição dos princípios e atividades administrativos.

Após os trabalhos iniciais de Taylor e Fayol, as décadas seguintes assistiram a criação de diversas teorias e modelos que geraram novas inovações organizacionais. Podemos ressaltar o papel da Escola de Relações Humanas e da abordagem sociotécnica nessas inovações, as quais buscavam romper com a visão taylorista e mecanicista do trabalho, através da compreensão dos aspectos sociais, psicológicos e comportamentais dos trabalhadores.

Presentemente, quando se abordam as questões referentes às inovações organizacionais, vemos o caso emblemático da indústria japonesa com os seus métodos inovadores e exitosos de gestão, a partir da década de 1970, tais como, *Just in Time*, Qualidade Total, *Kanban* e sistema 5S. Os processos de melhoria contínua (*kaisen*, como ficaram conhecidos) constituem-se em uma considerável inovação organizacional, tornando-se o principal motor do desempenho diferenciado de alguns países nas últimas décadas, tendo iniciado no Japão, e depois disseminados para outras partes do planeta.

Podemos analisar algumas visões a respeito das inovações organizacionais. De uma forma mais ampla, Peter Drucker coloca estas inovações no rol das inovações sociais, que incluem, por exemplo, hospitais, bancos, containeres, sistemas de organização de fábricas, compra à prestação, jornais e seguros. Historicamente, estas possuíram um impacto bem mais relevante que as inovações técnicas relacionadas a artefatos físicos, tais como automóveis, locomotivas, telefones, computadores, dentre outros. Isso ocorreu porque foram as inovações sociais que permitiram o desenvolvimento de produtos e tecnologias que observamos hoje. Imaginemos apenas como seria possível a fabricação de carros em série sem a inovação da linha de montagem?

Quando pensamos nas empresas em si, as inovações organizacionais estão voltadas para os aspectos de gestão, dentre eles o desenvolvimento de estratégias, estruturas organizacionais, processos de trabalho, estilos de liderança, comportamentos e a cultura organizacional.[39] Observemos que a inovação organizacional é diferente da inovação tecnológica, pois esta se baseia nas modificações das bases tecnológicas da organização, visando incrementar a sua competitividade, enquanto aquela diz respeito a mudanças efetivadas na organização visando à melhoria da produtividade, enfocando a otimização dos recursos já existentes.

Assim, as inovações organizacionais envolvem mudanças em práticas administrativas ou organizacionais, diferindo das inovações tecnológicas que estão relacionadas com a implementação de novas técnicas e a utilização da tecnologia da informação.[40] Em outras palavras, a inovação do tipo organizacional diz respeito à transformação e ao redesenho dos processos de negócios da empresa. Quando aliada à tecnologia da informação, possibilita a geração de arranjos que podem elevar o desempenho e as competências da organização.

Reflexão

O Surgimento da Administração Científica

No despontar do século XX, surgiram os primeiros trabalhos de cunho científico na administração. Os expoentes dessa fase científica foram dois engenheiros: Frederick Winslow Taylor, responsável pelo desenvolvimento da Escola da Administração Científica, e Henri Fayol, criador da Teoria

Clássica. Dessa forma, a chamada Abordagem Clássica da Administração é formada pelas duas abordagens construídas por esses dois engenheiros pesquisadores.

Os trabalhos de Taylor podem ser considerados como a primeira tentativa de fundar uma "ciência da administração". O pesquisador era engenheiro, e teve a possibilidade de atuar em vários cargos dentro uma fábrica, desde operário até engenheiro-chefe. Após alguns anos como empregado, Taylor passou a trabalhar como consultor, aperfeiçoando suas pesquisas e ideias sobre gestão. O aspecto fundamental de sua teoria é a busca do aumento da eficiência da organização, por meio da racionalização do trabalho e da obtenção de métodos mais eficientes de controle dos trabalhadores.

Para solucionar a questão do relacionamento empregado x empregador, Taylor propõe quatro "grandes princípios": 1) O desenvolvimento de uma verdadeira ciência do trabalho, em que seria necessária uma investigação científica para se chegar a uma jornada de trabalho justa. Neste caso, o empregador saberia qual a quantidade de trabalho ideal a ser realizada pelo trabalhador, e este receberia uma alta taxa de pagamento, já que este busca a "maximização de seus ganhos"; 2) A seleção científica e o desenvolvimento progressivo do trabalhador. Aqui caberia à administração da organização desenvolver os trabalhadores, buscando garantir que estes se tornem altamente produtivos, ou seja, de "primeira linha"; 3) A conexão da ciência do trabalho e trabalhadores cientificamente selecionados e treinados; 4) A constante e íntima cooperação de gestores e trabalhadores. Esta cooperação eliminaria os conflitos, já que os gestores e operários estariam cientes de suas responsabilidades e funções.[1]

Para o pesquisador e economista Moraes Neto, o trabalho de Taylor visou resolver a problemática da dependência do capital frente ao trabalho vivo. Para isso, a administração deveria entender, sistematizar e normatizar a execução das tarefas dentro da organização, visando a máxima produtividade por meio das ferramentas adequadas. Os três princípios estabelecidos por Taylor foram: 1) Dissociação do processo de trabalho das especialidades dos trabalhadores, cabendo ao administrador reunir e organizar o conhecimento que antes pertencia apenas aos trabalhadores; 2) Separação de concepção e execução, ou seja, o trabalhador deve apenas executar a tarefa, não sendo um participante do planejamento (responsabilidade da gerência); 3) Utilização do conhecimento para controlar cada fase do processo de trabalho e seu modo de execução. Cabe a gestão realizar o direcionamento e preparação das tarefas que serão realizadas e sua forma de execução.

Em resumo, o Taylorismo caracteriza-se como uma forma de controle do capital sobre os processos de trabalho, através do controle de todos os tempos e movimentos do trabalhador, ou seja, do trabalho vivo.[2]

A Teoria Clássica da Administração de Henri Fayol surgia logo depois dos primeiros estudos e resultados de Taylor realizados nos Estados Unidos. Pode-se dizer que o ponto de partida foi em 1916, com a primeira publicação do trabalho de Fayol, intitulado *Administration Industrielle et Générale – Prévoyance, Organisation, Comandement, Coordination, Controle*. Assim como a Administração Científica, a Teoria Clássica caracterizava-se também pela busca da eficiência organizacional, porém com um foco diferenciado: a estrutura da organização e as funções gerenciais.

Fayol estabeleceu a definição de gerência, como compreendendo cinco elementos: 1) Planejar, diz respeito ao "olhar para o futuro", preparando-se para ele. Sobre essa função, a gerência deveria levar em conta os objetivos de cada unidade e alinhamento aos objetivos organizacionais; utilizar previsões de curto e longo prazo; ter flexibilidade para adaptações do plano; ser capaz de prognosticar os cursos das ações. 2) Organizar, referindo-se a elaboração de uma estrutura material e humana onde as atividades poderão ser desenvolvidas de forma otimizada. 3) Comando, que significa manter as pessoas em atividade, buscando, através da liderança e relacionamento, o melhor desempenho dos colaboradores. 4) Coordenação, em que o gestor busca harmonizar e unificar todos os esforços e atividades, a fim de que os objetivos das unidades estejam alinhados com os objetivos estratégicos da organização. 5) Controle, responsável pela verificação do desempenho de todos os elementos anteriores. O controle deve se certificar que as atividades estão sendo realizadas de acordo com o plano estabelecido.[3]

Fayol também desenvolveu alguns princípios gerais da administração, os quais são a base de sua teoria. São alguns deles: divisão do trabalho (a especialização torna o indivíduo mais produtivo); unidade de comando, em que Fayol estabelece que o empregado deve ter somente um chefe, para evitar conflitos de comando; remuneração, como considerável fator de motivação; cadeia escalar, em que se diz que a hierarquia é necessária, porém a comunicação lateral também é importante, desde que os superiores sejam informados a respeito daquilo que está sendo tratado; espírito de equipe, equidade e justiça na condução da empresa; ordem material, social e estabilidade de pessoal, para minimização dos custos com desenvolvimento da equipe.

Apesar das críticas à visão minimalista do ser humano (*homo economicus*) ou talvez a uma "falta de humanidade" dos princípios tayloristas, que levariam o homem a comportar-se como uma máquina, as contribuições de Taylor e Fayol foram de essencial importância para o desenvolvimento posterior da administração, servindo de base para várias áreas, tais como a engenharia industrial, gestão de processos, qualidade, modelos de gestão e aperfeiçoamento das funções gerenciais. Enfim, inovações organizacionais.

> Notas
> 1 PUGH, D. S.; HICKSON, D. J. *Os Teóricos das Organizações.* Rio de Janeiro: Qualitymark, 2004.
> 2 MORAES NETO, B. R. *Marx, Taylor, Ford: as forças produtivas em discussão.* São Paulo: Brasiliense,1989.
> 3 PUGH, D. S.; HICKSON, D. J. *Os Teóricos das Organizações.* Rio de Janeiro: Qualitymark, 2004.

Com uma abordagem um pouco mais diferenciada, o pesquisador Peter Senge, conhecido por sua obra "A Quinta Disciplina", denomina as inovações organizacionais de "inovações de infraestrutura", as quais têm sido implementadas por empresas que buscam aprimorar o aprendizado e obter vantagens competitivas no longo prazo. Alguns exemplos ressaltados pelo autor são:

1) Ferramentas e métodos inovadores de planejamento.
2) Laboratórios de aprendizado.
3) Criação de fóruns de discussão para estimular a reflexão sobre questões relacionadas à saúde da empresa.
4) Modelos diferenciados de treinamentos.
5) Mudanças em práticas gerenciais.
6) Equipes autogerenciáveis.
7) Novos sistemas de recompensa.

Observamos que as inovações organizacionais constituem-se em estratégias que facilitam a adaptação das organizações à crescente competitividade internacional, exigindo diversas mudanças de paradigmas, comportamentos e valores. Dentre as mudanças relacionadas com essas inovações estão a redução substancial dos níveis hierárquicos – facilitando a comunicação entre os cargos – a multifuncionalidade do colaborador, o trabalho em grupos ou células envolvendo equipes multidisplinares, pessoas com maior capacitação e dispostas a inovar e participar das decisões, aos novos modelos de aprendizagem e seu compartilhamento, a autonomia, o autodidatismo e a cooperação.

Os pesquisadores Stewart Clegg e Cynthia Hardy[44] abordam a questão da inovação organizacional sob uma ótica mais abrangente. Para os autores, o aprofundamento da globalização e das novas tecnologias de informação e comunicação, nas últimas três décadas, permitiu a construção de novas formas organizacionais e relações interorganizacionais capazes de estimular inúmeras inovações no bojo das empresas. Não podemos deixar de considerar essas novas formas de inovações organizacionais, sobre as quais podem ser citados alguns exemplos:

1) Cadeias lineares: conexão entre organizações, como, por exemplo, uma empresa líder que impõe controle de qualidade aos fornecedores e subcontratados, como no caso das montadoras de automóveis.
2) Cooperação: criação de conglomerados industriais, em que pequenas e médias empresas cooperam em nível local, especializando-se em determinadas fases de um processo produtivo maior.
3) Alianças estratégicas: parcerias entre empresas, objetivando a entrada em novos mercados, inclusive internacionais. Esse tipo de aliança é muito comum no setor de tecnologia, pois reduz custos e agrega aprendizado, facilitando acesso a novos mercados.
4) Conhecimento da tarefa: muitas vezes, o conhecimento da tecnologia ou a melhor maneira de trabalhar o processo não está nas mãos da gerência, e sim do empregado especializado, o que demanda a criação de grupos mais autônomos e autogerenciáveis.
5) Hierarquia: como muitas vezes o conhecimento está disperso em várias unidades da organização, surgem hierarquias mais flexíveis e mode-

los de gestão por projetos, com equipes interdisciplinares.

Dentro desse conceito de aliança estratégica e cooperação, como um tipo de inovação organizacional, as professoras Karlene Roberts e Martha Grabowski indicam o aparecimento dos sistemas de organizações com foco no aproveitamento de oportunidades específicas ou em relacionamentos mutuamente benéficos. Conforme as autoras, na prática, "vendedores e fornecedores, clientes e organizações de apoio podem ser reunidos em sistemas temporários ou permanentes que possam enfrentar concorrentes e fornecer valor agregado significativo à organização principal, bem como aos clientes e fornecedores participantes."[45]

Dessa forma, verificamos que as inovações organizacionais não estão relacionadas apenas às questões internas ligadas à produção, mas também às novas formas de relacionamento entre a companhia e o ambiente, incluindo a integração com fornecedores e modelos diferenciados de distribuição e comercialização de bens e serviços.

PARTE III

Intraempreendedorismo na Prática

O Que Iremos Discutir

- Quais são os aspectos que constituem a Tecnologia da Informação (TI)?
- Em que patamar está a evolução da indústria de TI no Brasil?
- Quais as práticas de gestão encontradas nas empresas de TI que levam à inovação e o que pode ser aproveitado por organizações de outros setores?

Capítulo 7
As Práticas Intraempreendedoras

"As pessoas que vencem neste mundo são as que procuram as circunstâncias de que precisam e, quando não as encontram, as criam."

George Bernard Shaw

O que são práticas intraempreendedoras? Quais os tipos de práticas intraempreendedoras que podem ser encontradas e estimuladas nas organizações? As respostas a essas perguntas são fundamentais para pensarmos em modelos que facilitem o desenvolvimento de inovações por parte dos nossos empreendedores internos.

Inicialmente, é preciso entender o que significa uma organização intraempreendedora. Em primeiro lugar, podemos definir esse tipo de organização como aquela que recupera o espírito empreendedor que reina sobre a companhia no seu período de infância, quando é mais criativa, dinâmica, audaciosa, ágil, flexível, proativa e obstinada.[46]

Gifford Pinchot indica que as organizações intraempreendedoras são aquelas que oferecem liberdade e autonomia aos seus colaboradores, estimulando-os a desenvolver inovações em produtos, serviços ou processos de negócio. O autor estabelece algumas diretrizes para que determinada empresa possa ser considerada intraempreendedora, como pode ser vista no Quadro 2.

Quadro 2: Diretrizes de uma empresa intraempreendedora

ASPECTOS DE UMA EMPRESA INTRAEMPRENDEDORA
• A empresa deve encorajar a autonomeação de intraempreendedores. • As pessoas possuem liberdade para realizar seus trabalhos da sua própria forma. • São oferecidas formas rápidas e informais de acesso a recursos para a tentativa de construção de novas ideias. • A empresa desenvolve maneiras de gerenciar pequenos e experimentais produtos e modelos de negócio. • Os líderes devem encorajar o risco e ser mais tolerantes a erros. • A organização desenvolve iniciativas de longo prazo e projetos que podem durar anos para ficarem prontos. • Há o estímulo para a formação de times multifuncionais autônomos e completos para a construção de novos projetos. • As pessoas com perfil empreendedor são livres para buscar recursos em outras unidades da empresa e fornecedores em outras organizações.

O estudo de Pinchot facilita a compreensão sobre o que seriam práticas intraempreendedoras, ao inseri-las no âmbito de projetos de longo prazo, times multifuncionais, processos estruturados para desenvolvimento de inovações, tolerância ao risco e fácil acesso a informações e recursos. Para ampliar esse leque, é possível relacionar os chamados comportamentos empreendedores com as práticas intraempreendedoras, devido à mesma origem desses conceitos. Podemos elencar esses comportamentos baseados na importante pesquisa realizada pela *The United Nations Conference on Trade and Development – UNCTAD* (Quadro 3).

Quadro 3: Comportamentos empreendedores.

COMPORTAMENTO EMPREENDEDOR	EXEMPLOS DE COMPORTAMENTO
Busca de Oportunidades e Iniciativa	- Aproveita oportunidades para começar um novo negócio. - Busca financiamentos e recursos. - Realiza ações pró-ativas.
Correr Riscos Calculados	- Avalia alternativas e riscos de forma deliberada. - Age de forma a reduzir os riscos ou controlar os resultados. - Busca situações que implicam desafios ou riscos moderados.
Exigência de Qualidade e Eficiência	- Busca maneiras de fazer coisas de uma maneira melhor, de forma mais rápida, ou com menor custo. - Desenvolve procedimentos que asseguram o cumprimento de prazos e padrões de qualidade previamente combinados.
Persistência	- Age repetidamente ou muda de estratégia para enfrentar um desafio ou superar um obstáculo. - Age diante de um obstáculo; - Assume responsabilidade pessoal pelo desempenho necessário para atingir metas e objetivos.

Comprometimento	- Faz um sacrifício pessoal ou despende um esforço extraordinário para completar uma tarefa. - Colabora com os colaboradores e parceiros ou se coloca no lugar deles para terminar um trabalho; - Esmera-se em manter os clientes satisfeitos e coloca em primeiro lugar a boa vontade em longo prazo, acima do lucro em curto prazo.
Busca de Informações	- Dedica-se pessoalmente a obter informações de clientes, fornecedores e concorrentes. - Investiga pessoalmente como fabricar um produto ou fornecer um serviço; - Consulta especialistas para obter assessoria técnica ou comercial.
Estabelecimento de Metas	- Estabelece metas e objetivos que são desafiadores e que têm significado pessoal. - Define metas de longo prazo, claras e específicas. - Estabelece objetivos de curto prazo, mensuráveis.

Planejamento e Monitoramento Sistemáticos	- Planeja, dividindo tarefas de grande porte em subtarefas com prazos definidos. - Revisa seus planos constantemente, levando em conta os resultados obtidos e as mudanças circunstanciais. - Mantém registros financeiros e utiliza-os para tomar decisões.
Persuasão e Redes de Contatos	- Usa estratégias deliberadas para influenciar ou persuadir os outros. - Usa pessoas-chave como agentes para atingir seus próprios objetivos; - Age para desenvolver e manter relações comerciais.
Independência e Autoconfiança	- Busca autonomia em relação as normas e controles de outros. - Mantém seu ponto de vista, mesmo diante da oposição ou de resultados inicialmente desanimadores; - Expressa confiança na sua própria capacidade de complementar tarefa difícil ou de enfrentar desafios.

Fonte: UNCTAD (2008)

Peter Drucker também oferece uma contribuição ao assunto, indicando as práticas de gestão intraempreendedora que são essenciais para a construção de uma organização empreendedora, vejamos:

1. **Reuniões gerenciais** com foco em oportunidades e não apenas em "problemas".
2. **Avaliação de desempenho** individual com base na atitude e no desempenho empreendedor.
3. **Implantação de sessões informais** e programadas de aprendizagem e diálogo envolvendo o pessoal júnior de todos os níveis organizacionais.
4. **Criação de modelos de remuneração** e incentivos que estimulem o comportamento empreendedor.
5. **Designação de um líder específico** para tratar as questões relacionadas à inovação, novos projetos e análise sistemática de oportunidades inovadoras.
6. **Projetos inovadores** devem ser tratados em separado, como projetos autônomos sob responsabilidade de um gerente específico (gerente de projeto).
7. **Implementação de um modelo de análise** de desempenho e *feedback* sistemático a respeito dos resultados da inovação.[47]

Devemos atentar que as práticas intraempreendedoras podem estar relacionadas tanto a ações estratégicas voltadas para o mercado, quanto a ações operacionais relacionadas a procedimentos internos. Isso ocorre porque um intraempreendedor, devido à sua posição hierárquica, pode ter seu foco na inovação de produtos, processos e procedimentos no interior da própria organização, enquanto outros profissionais estariam centrados no mercado, buscando desenvolver estratégias que tornem a empresa mais competitiva. Os empreendedores internos geralmente ocupam uma posição elevada na hierarquia da empresa (gerência sênior ou diretoria) e estão envolvidos em decisões estratégicas, tais como o lançamento de novos produtos, fusões, reestruturação organizacional e desenvolvimento de alianças.[48]

Baseados em diversas pesquisas sobre o tema, podemos estabelecer algumas práticas que devem ser encontradas nas empresas intraempreendedoras, são elas:

- Encorajamento de novas ideias.
- Estímulo à tentativa e o erro na construção de novos projetos.
- Inexistência de parâmetros para novas oportunidades.
- Permissão para fracassos.
- Disponibilização e acessibilidade aos recursos.
- Construção de equipes multidisciplinares.
- Visão e horizonte de longo prazo.
- Sistema de compensação apropriado à cultura intraempreendedora.
- Apoio e patrocínio da alta administração.[49]

É relevante também refletir que as políticas de RH das organizações são importantíssimas no processo de implantação de uma cultura intraempreendedora. Para isso, os subsistemas de RH – como as políticas de recrutamento e seleção, modelos de retenção (carreira) e avaliação de desempenho – devem considerar em suas práticas as competências empreendedoras.

O professor Jacques Filion ressalta algumas ações bem práticas no desenvolvimento e manutenção do intraempreendedorismo dentro das organizações, são elas:

1) **Introdução e gestão de uma caixa de sugestões**, com avaliação sistemática das ideias e recompensa financeira para aqueles que sugeriram ideias, as quais foram aceitas e implementadas com sucesso pela organização;
2) **Sistema de incentivo** à criação de novos produtos sugeridos por qualquer colaborador. Aqui, a empresa poderá realizar estudos de viabilidade dos produtos idealizados, e, caso haja a decisão de se

lançar o novo produto, a pessoa que o propôs será recompensada;

3) **Realização de treinamentos** e conferências mensais com professores, consultores, empreendedores e intraempreendedores com o objetivo de se discutir as diferentes dimensões e práticas do empreendedorismo no âmbito das organizações.[50]

Portanto, constatamos que as práticas intraempreendedoras podem se desenvolver de diversas formas dentro da organização, como desde o natural estímulo à autonomia e participação até políticas formalizadas de gestão de pessoas que visam o comportamento intraempreendedor. Todas elas objetivam sistematizar estruturas de gestão que devem levar à inovação em produtos, serviços e processos de negócio.

Capítulo 8
O Papel da Tecnologia da Informação

"Nós trabalhamos com o objetivo de tornar nossos produtos obsoletos, antes que outros o façam."

Bill Gates

Como já constatamos, vivemos hoje a "revolução da informação", o surgimento de uma sociedade baseada na tecnologia e no conhecimento. No entanto, para definir corretamente a tecnologia da informação, é preciso esclarecer primeiramente as diferenças entre os termos informação, dado e conhecimento.

O dado pode ser uma simples observação, um simples registro visto de maneira isolada. Já a informação é uma expressão mais aprofundada e lógica de um determinado dado, tornando-o relevante e dotado de propósito. O conhecimento se dá por meio da reflexão, síntese e contextualização de várias informações, podendo gerar algum tipo de resultado ou mudança, caso seja colocado em prática.[51] Não é um resultado apenas de um processamento de dados e informações, mas uma atividade subjetiva e extremamente pessoal.

Os estudiosos Carl Shapiro e Hal Varian indicam que a informação, em termos econômicos, é um bem, um recurso que pode ser compartilhado e possível de ser digitalizado, ou seja, codificado como um fluxo de bits. Dessa forma, a tecnologia da informação compreende a infraestrutura, que permite armazenar, buscar, recuperar, copiar, filtrar, manipular, visualizar, transmitir e receber informação.[52] Para os autores, essa infraestrutura pode ser representada por dezenas de ferramentas físicas e digitais, que incluem: 1) Computadores e dispositivos físicos (cabos, aparelhos etc.), constituindo-se no *hardware* da tecnologia da informação e 2) Programas computacionais que permitem a interação eletrônica entre as pessoas, automatização e integração de processos, filtragem e tratamento de informações e a troca eletrônica de dados, constituindo-se no *software*.

De forma ampla, a tecnologia da informação representa a convergência digital de diversas indústrias anteriormente isoladas, constituída pelas telecomunicações, a informática (computação), e o entretenimento (conteúdo). Essa convergência está relacionada com o surgimento de uma economia digital, que tem criado mecanismos de compartilhamento de informações eletrônicas que se tornam de fácil e rápido acesso a qualquer pessoa, em qualquer lugar.[53]

Na visão das pesquisadoras Karlene Roberts e Martha Grabowski, a tecnologia da informação diz respeito às tecnologias mecânicas *(hard)* – equipamentos físicos, instalações e computadores – e tecnologias digitais *(soft)* – *softwares* e sistemas baseados na internet. Trata-se de uma infraestrutura física e digital capaz de: 1) Unir partes geograficamente dispersas das organizações; 2) Duplicar as capacidades humanas para a tomada de decisão de forma mais ágil; e 3) Permitir a conectividade remota.[54]

Vamos destacar – em resumo – os tipos de *hardwares* e *softwares* existentes em uma infraestrutura de TI dentro das organizações alinhadas com as novas tecnologias:

1. **Processadores de dados ou computadores:** referem-se aos computadores pessoais (máquinas-clientes) e computadores de grande porte (máquinas-servidoras).

2. **Softwares:** englobam o sistema de gestão empresarial (ERP) e outros sistemas secundários, como o sistema gerenciador de banco de dados, sistemas operacionais, sistemas de comunicação (*e-mail, messenger* etc.), sistemas de segurança dentre outros.
3. **Periféricos**, como impressoras, monitores, unidades de leitura e gravação etc.
4. **Rede de comunicação**, envolvendo os *softwares* para operação e gerenciamento da rede de dados, bem como o *hardware* necessário como *hubs, switches*, antenas e cabos.[55]

Atualmente existem diversas soluções em tecnologia da informação que podem atender as demandas das organizações. Trata-se de *softwares* que facilitam a estruturação dos diversos processos executados pelas empresas, conforme podemos ver no Quadro 4.

Quadro 4: Processos de negócio e *softwares* relacionados

PROCESSO DE NEGÓCIO	SOFTWARES
Comercialização (compras e vendas)	Soluções *e-commerce* - loja virtual - *marketplace* - leilão - leilão reverso - *e-procurement* - *e-sourcing*
Capacitação de recursos humanos (treinamento)	Soluções *e-learning* - treinamento baseado em computador (*computer based training* – CBT) - treinamento baseado na web (*web based training* – WBT)

Relacionamento com clientes	Soluções *Custumer Relationship Management* (CRM) - CRM analítico - CRM operacional - CRM colaborativo
Distribuição e logística	Soluções *Supply Chain Management* (SCM) - *web-based* SCM - *Collaborative Planning, Forecasting and Replenishment* (CPFR)
Administrativos e financeiros	Soluções *Enterprise Resource Planning* (ERP) - *Computer Aided Design* (CAD) - *Computer Aided Manufacturing* (CAM) - *Product Data Management* (PDM) - Contabilidade, Pessoal, Tesouraria, Fiscal, Contas a Receber e a Pagar, Comercial - *Business Intelligence* (BI)

Fonte: Adaptado de De Sordi (2003).

Para o pesquisador Alexandre Galindo, a tecnologia da informação deve ser vista de forma mais abrangente, devendo englobar, em seu conceito, aspectos que ampliam o seu uso para além do *hardware* e *software*. Na visão do autor, a TI

"envolve aspectos humanos, administrativos e organizacionais, abrangendo também o uso das telecomunicações, automação e recursos de multimídia utilizados pelas organizações, além de incorporar as questões relativas ao fluxo de trabalho e pessoas envolvidas no fornecimento de dados, informações e conhecimento."[56]

É importante destacar que, quando considerada sob o ponto de vista da economia, como um fator de produção, vemos que a tecnologia da informação pode ser analisada sob dois aspectos: primeiro, a TI como uma ferramenta de suporte interno às operações da organização e, em segundo lugar, a TI sendo utilizada como o próprio negócio da empresa, onde esta se especializa como uma prestadora de serviços de TI.

Quando o mundo vivenciou nas últimas décadas a rápida evolução das telecomunicações, da informática e das redes de dados, a computação – que antes tinha o objetivo de automatizar determinadas tarefas –, passou a lidar com a informação e como ela poderia ser transformada rapidamente em conhecimento, gerando vantagens competitivas para as empresas.

Assim, as organizações que buscam implementar um modelo de gestão de alta performance e tecnologicamente atualizado, precisam ter uma estrutura de tecnologia da informação capaz de gerar dados e informação de forma rápida para: 1) Facilitar a tomada de decisão dos colaboradores; 2) Agilizar os processos organizacionais; 3) Dar rapidez nas ações que estão diretamente ligadas aos clientes.

E como o principal insumo da economia mundial é o conhecimento, a tecnologia da informação deve ser um foco constante das empresas da nossa era.

Os professores Robert Kaplan e David Norton identificaram a extrema importância da tecnologia da informação para as organizações, ao conceberem o *Balanced Scorecard* – principal ferramenta utilizada em projetos de gestão estratégica. De acordo com os autores, o capital da informação, que inclui os sistemas de informação e a tecnologia, é uma das bases – juntamente com as pessoas e a cultura – que devem suportar os processos da organização a fim de atingir os objetivos relacionados aos clientes (satisfação e retenção), os resultados financeiros e a visão de longo prazo, definida pela liderança.

Reflexão

Compreendendo o *Balanced Scorecard*

O *Balanced Scorecard* – BSC – é uma ferramenta de gestão que auxilia a medição, acompanhamento e gerenciamento dos objetivos e indicadores definidos em um planejamento estratégico. Segundo Kaplan e Norton, os criadores dessa metodologia, o *Balanced Scorecard* viabiliza processos gerenciais críticos:

- Esclarece e traduz a visão e a estratégia.
- Comunica e associa objetivos e medidas estratégicas.
- Planeja, estabelece metas e alinha iniciativas estratégicas.

Para o pesquisador Sidney Marinho, o BSC inova ao incorporar alguns dos mais importantes tópicos da implementação estratégica. Estes requisitos são: transformar a estratégia em ações operacionais; criar hipóteses de correlação por meio de relações de causa e efeito; monitorar indicadores financeiros e não financeiros; alinhar e gerenciar o alcance das metas para facilitar os processos de *feedback* e aprendizado estratégico, visando transformar a estratégia num processo contínuo.[1]

Como esclarecem os criadores do *Balanced Scorecard*, a metodologia traduz a missão e a estratégia das empresas em um conjunto abrangente de medidas de desempenho, que serve de base para um sistema de medição e gestão estratégica. Esse desempenho organizacional é medido a partir de quatro perspectivas que formam a estrutura do BSC: **financeira, do cliente, dos processos internos, e do aprendizado e crescimento**.

Na proposição de Kaplan e Norton, o estabelecimento da estratégia não é um processo gerencial isolado. É parte de um processo que tem seu início com a definição da missão da organização. A missão é a razão de ser da organização, a função que ela desempenha no mercado para tornar-se útil e justificar os seus resultados perante às partes interessadas.

Para se traduzir a missão em resultados almejados, percorre-se a trajetória que passa pelos valores essenciais (aquilo em que a organização acredita); pela visão (o que se quer ser no futuro), pela definição e implementação do sistema de medição (o BSC), pelo estabelecimento das iniciativas estratégicas (o que é preciso ser feito e a contribuição de cada um para o alcance dos objetivos estratégicos).

Dessa maneira, caso se queira desenvolver um planejamento estratégico consistente e completo, deve-se definir, para cada perspectiva, os objetivos, indicadores e iniciativas que serão gerenciados através do *Balanced Scorecard*. As quatro perspectivas relacionam-se em uma cadeia de causa e efeito que garantirá um encadeamento entre os objetivos, de modo a refletir as relações assumidas na formulação das estratégias. Por exemplo, para termos resultados financeiros crescentes (perspectiva financeira), precisamos ter clientes satisfeitos (perspectiva de clientes), processos eficazes (processos internos) e uma equipe capacitada e treinada (aprendizado e crescimento).

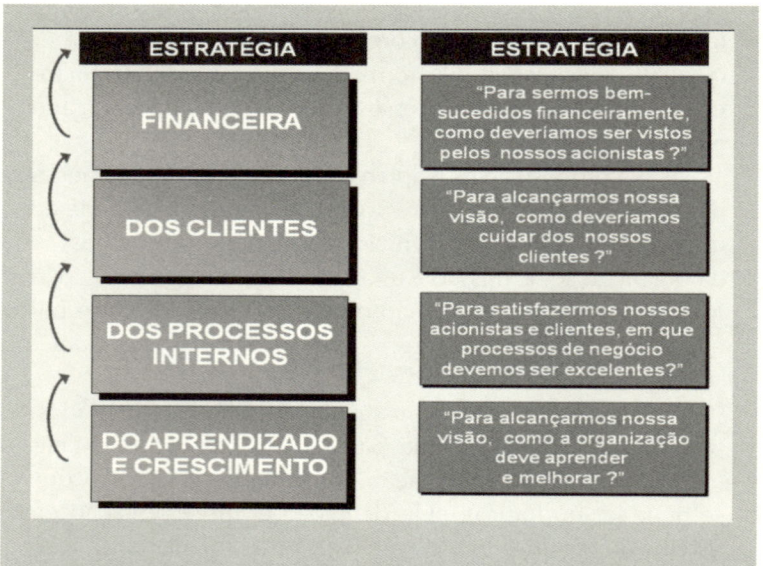

ESTRATÉGIA	ESTRATÉGIA
FINANCEIRA	"Para sermos bem-sucedidos financeiramente, como deveríamos ser vistos pelos nossos acionistas?"
DOS CLIENTES	"Para alcançarmos nossa visão, como deveríamos cuidar dos nossos clientes?"
DOS PROCESSOS INTERNOS	"Para satisfazermos nossos acionistas e clientes, em que processos de negócio devemos ser excelentes?"
DO APRENDIZADO E CRESCIMENTO	"Para alcançarmos nossa visão, como a organização deve aprender e melhorar?"

Nota
1 MARINHO, Sidnei Vieira. *Uma Proposta de Sistemática para Operacionalização da Estratégia Utilizando o Balanced Scorecard.* Santa Catarina: Universidade Federal de Santa Catarina. Programa de Pós-graduação em Engenharia de Produção, Tese de Doutorado, 2006.

De fato, não basta apenas ter um banco de dados ou um sistema de gestão funcionando. A tecnologia da informação precisa ser constantemente revisada e ampliada, através de uma reflexão diária das lideranças baseadas nas seguintes perguntas: as informações são disponibilizadas de forma rápida? Os dados dos clientes podem ser cruzados, permitindo a empresa tomar decisões que levem a sua satisfação e fidelidade? Os indicadores de resultados das unidades são acessíveis aos gestores, gerando análises baseadas em modelos computacionais? O sistema possui ferramentas que operacionalizam a gestão da estratégia?

Em uma economia baseada no empreendedorismo e na inovação, a estrutura de tecnologia da informação é fator preponderante para a sobrevivência das organizações, sejam elas pequenas ou grandes. Vencerão aquelas que melhor souberem lidar com a informação, tornando-a fonte de conhecimento e valor para clientes, colaboradores, comunidade e acionistas.

Capítulo 9
As Empresas de TI no Contexto da Inovação

"Estamos apostando na nossa visão. Preferimos fazer isso a fabricar produtos iguais aos outros. Vamos deixar outras empresas fazerem isso. Para nós, o objetivo é sempre o próximo sonho."

Steve Jobs

A VTI é uma das maiores empresas brasileiras de TI, sediada na região nordeste, que oferece diversas soluções em gestão através da tecnologia da informação. Com vinte anos de mercado, o seu crescimento foi baseado em uma visão peculiar bastante arrojada, espelhando-se em grandes organizações como IBM, Oracle, HP, Intalio e Microsoft: uma empresa de TI deve ter, em termos de serviços, uma visão sistêmica, completa. Ou seja, não pode ter como foco um nicho específico, e sim, atuar com soluções completas em TI, favorecendo todos os setores da sociedade. A ideia básica é que a TI é um meio para tudo e é esse pensamento que irá gerar inovação e desenvolvimento. Na visão de seus líderes, não haverá no futuro, espaço para empresas que possuem uma única linha de resultado.

Vemos que as empresas especializadas em produzir produtos e serviços ligados à tecnologia da informação têm sido consideradas como as "estrelas" da vez, até mesmo pelo reforço das mídias de massa e dos pesquisadores, estes últimos buscando explicar a atual realidade econômica e tecnológica a partir da chamada *Economia da Informação*, a qual seria o aparato teórico que busca explicar os princípios e padrões dos mercados baseados na informação, no conhecimento e na tecnologia.

Podemos afirmar que essas empresas têm se tornado fundamentais no desenvolvimento socioeconômico de diversos países, por meio da construção de diversas infraestruturas, processos, produtos e serviços baseados nas tecnologias *hard* e *soft*. De acordo com os autores Arnoldo Cabral e Takashi Yoneyama, as nações que têm habilidade de adotar as novas tecnologias da informação estão prosperando em escala inimaginável. No entanto, os impactos da revolução da informação estão apenas começando a se manifestar, principalmente nos países emergentes ou de industrialização tardia, como o Brasil.

Devido à velocidade com que as novas tecnologias surgem e são aperfeiçoadas, as empresas de TI possuem uma necessidade maior em inovar, pela própria dinamicidade do setor em que estão inseridas. Dessa forma, práticas intraempreendedoras são mais "bem vistas", mais fáceis e rápidas de serem implantadas, como identificamos em diversas pesquisas, incluindo um estudo que fizemos com diversos gestores e diretores de empresas de TI com atuação nacional.

Existe uma diversidade de visões a respeito de quais empresas estariam englobadas nesse setor específico de TI. Como vimos no Capítulo 8, a TI envolve tecnologias mecânicas *(hard)* – equipamentos físicos, instalações e computadores – e tecnologias digitais *(soft)* – *softwares* e sistemas baseados na internet.

De uma forma bem ampla, a Associação para Promoção da Excelência do *Software* Brasileiro – SOFTEX, considera que o setor abrange as empresas que possuem como fonte principal de receita, atividades econômicas relacionadas ao desenvolvimento de *softwares* e prestação de serviços de tecnologia da informação (TI). Essa chamada indústria de TI é formada por organizações que desenvolvem as seguintes atividades:

1) Consultoria em *hardware* e *software*.
2) Processamento de dados.
3) Atividades de banco de dados e distribuição *online* de conteúdo eletrônico.
4) Manutenção e reparação de *hardware*.
5) Desenvolvimento e edição de *software* pronto para uso e sob encomenda.
6) Outros serviços de informática tais como venda de produtos de informática, cursos de informática, aluguel de equipamentos, suporte à infraestrutura de TI e outros.

No Brasil, a indústria de TI é constituída em sua maior parte de pequenas empresas, com grande crescimento, nos últimos anos, no número de organizações e no faturamento obtido, principalmente oriundo de projetos em outros países. Cresce também o número de empresas com vinte ou mais pessoas ocupadas.[58] As pesquisas indicam, ainda, que o setor apresenta historicamente elevadas taxas de crescimento em relação ao desempenho da economia nacional.

Reflexão

A Formação do Campo das Organizações de TI no Brasil

Segundo os autores Paul J. DiMaggio e Walter W. Powell, um campo organizacional é caracterizado por um conjunto de organizações que constituem uma área reconhecida de vida institucional, englobando fornecedores, consumidores de recursos e produtos, agências regulatórias e outras organizações que produzem serviços e produtos semelhantes. Esses atores sociais constituem um determinado padrão de coalizão interorganizacional e desenvolvem uma consciência mútua de que estão participando de um empreendimento comum.[1]

O campo das organizações de TI no Brasil envolve, primeiramente, as empresas que oferecem serviços de TI, incluindo *softwares* e *hardwares*, e, em seguida, observam-se alguns *stakeholders* integrantes desse campo organizacional: 1) Instituições e órgãos do governo, tais como ministérios, secretarias, bancos públicos e agências que visam apoiar tecnicamente e financeiramente o setor de TI por meio de programas específicos; 2) Organizações da sociedade civil de interesse público – OSCIP, Organizações não Governamentais – ONG´s e entidades setoriais, tais como associações, federações e sindicatos que congregam as empresas de TI; 3) Universidades, centros de pesquisas, incubadoras de empresas e parques tecnológicos e 4) Profissionais que atuam nas empresas de TI.[2]

Historicamente, o campo das organizações de TI no Brasil começou a se delinear no início da década de 1980, com o surgimento de empresas especializadas em consultoria em microinformática, desenvolvimento de *softwares* e serviços relacionados às novas tecnologias representadas pelo microcomputador, o qual ainda era visto com curiosidade pelas organizações.[3] Neste período, o mercado brasileiro de informática era representado por poucas empresas que prestavam serviços através de computadores de grande porte denominados *mainframes*. Essas organizações compravam os *mainframes* para compartilhar o seu uso, oferecendo "tempo de processamento" para o mercado.

Como comenta o pesquisador Carlos Cavalcanti, até o final da década de 1970, a competição no mercado brasileiro de informática "era restrita às práticas oligopolistas realizadas pelas subsidiárias das firmas líderes mundiais do setor, que atendiam o mercado local predominantemente através da importação de sistemas completos de computadores."[4]

Nesse período, surgiram ainda iniciativas do Governo Federal, objetivando estruturar o setor de informática, através de programas de apoio às empresas de tecnologia da informação, podendo-se destacar algumas evoluções nesse sentido:

- Criação, em 1979, da Secretaria Especial de Informática – SEI –, com a finalidade de assessorar a formulação de uma Política Nacional de Informática – PNI – e coordenar sua execução, visando o desenvolvimento tecnológico.
- Criação, em 1983, de um projeto para a institucionalização da reserva de mercado brasileiro para a tecnologia de informática.
- Criação da Lei de Informática (nº 7.232/84), em 1984.
- Criação, em 1986, pela Financiadora de Estudos e Projetos – FINEP –, empresa pública vinculada ao Ministério da Ciência e Tecnologia, do Programa de Apoio ao *Software* – PAS –, disponibilizando um instrumento para incentivar a concepção e inserção de *softwares* no mercado interno e externo, bem como o financiamento de empresas provedoras de acesso à internet.

A partir de então, surgiram diversas pequenas organizações especializadas em serviços de TI, como desenvolvimento de *softwares* específicos, sistemas integrados (Planejamento de recursos empresariais – ERP´s), provedores de internet, consultoria em *hardware*, implantação e manutenção de sistemas, implantação de redes de computadores dentre outros.

No setor público, além do apoio governamental, outros tipos de instituições públicas, como as universidades, apoiavam cada vez mais as empresas nascentes, desenvolvendo projetos em parceria com estas organizações. As universidades e centros de pesquisa do país desenvolvem parcerias com as empresas de informática para o desenvolvimento tecnológico e profissional e, na área acadêmica, observa-se uma competição salutar na qual as instituições lutam em busca dos recursos das organizações para desenvolver projetos em conjunto.[5]

No decorrer do tempo, foram criadas também organizações sem fins lucrativos, que tinham o objetivo de agregar, unir e desenvolver as organizações do campo, tais como associações, institutos e sindicatos. Nesse contexto, pode-se destacar o papel da Associação para Promoção da Excelência do *Software* Brasileiro – SOFTEX, responsável pela gestão do programa do governo para a promoção da excelência do *software* brasileiro e a Associação das Empresas Brasileiras de Tecnologia da Informação, *software* e internet – ASSESPRO, esta como uma entidade voltada para a defesa dos interesses das organizações de TI.

Com isso, constatamos que o campo organizacional das empresas de TI possui certo grau de estruturação e institucionalização. Alexandre Galindo indica que estas empresas "apresentam tendências de aglomeração e especialização", com a vantagem competitiva "plenamente reconhecida pelo setor, na medida em que os recursos humanos são vistos como os principais insumos". A capacidade de utilizar o conhecimento técnico dessa força de trabalho em um ambiente colaborativo, informal e baseado no aprendizado coletivo é considerada "competência essencial de difícil imitação" e o "foco das estratégias destas empresas."[6]

Podemos observar também que as empresas do campo possuem, em sua maioria, um foco na prestação de serviços para pequenas e médias organizações e não competem diretamente com empresas multinacionais, sendo muitas vezes parceiras destas.[7]

Por fim, a criação e evolução de diversos arranjos no setor de TI demonstram pelo menos três evidências a favor da existência de um campo organizacional de TI institucionalizado no Brasil: 1) Existência de um conjunto de organizações que produzem produtos e serviços semelhantes e que interagem entre si; 2) Existência de um certo padrão de coalização interorganizacional com o desenvolvimento de uma consciência mútua, e 3) Associação com parceiros de troca, fontes de financiamento e reguladores.

Notas

1 DIMAGGIO Paul J.; POWELL, Walter W. Jaula de ferro revisitada: isomorfismo institucional e racionalidade coletiva nos campos organizacionais. In: CALDAS, Miguel P.; BERTERO, Carlos O. (Orgs.). *Teoria das Organizações*. São Paulo: Atlas, 2007. p.117-142.

2 GALINDO, A.G. *Análise das Dinâmicas Relacionadas com o Desenvolvimento do Arranjo Produtivo Local de Tecnologia da Informação de Fortaleza (CE)*. 2008. 333f. *Dissertação (Mestrado em administração)* – Centro de Estudos Sociais Aplicados, Universidade Estadual do Ceará, Fortaleza, 2008.

3 LOZINSKY, S. *Implementando empreendedorismo na sua empresa*. São Paulo: Mbooks, 2010.

4 CAVALCANTI, J. Carlos. As Políticas Brasileiras de Desenvolvimento da Informática: Passado e Presente. São Paulo: *Seminário Ciência e Tecnologia para o Desenvolvimento: o Papel da Empresa e do Estado*, outubro/1997, p.07.

5 CAVALCANTI, J. Carlos. As Políticas Brasileiras de Desenvolvimento da Informática: Passado e Presente. São Paulo: *Seminário Ciência e Tecnologia para o Desenvolvimento: o Papel da Empresa e do Estado*, outubro/1997.

6 GALINDO, A.G. *Análise das Dinâmicas Relacionadas com o Desenvolvimento do Arranjo Produtivo Local de Tecnologia da Informação de Fortaleza* (CE). 2008. 333f. Dissertação (Mestrado em administração) – Centro de Estudos Sociais Aplicados, Universidade Estadual do Ceará, Fortaleza, 2008, p.23-24.

7 GUTIERREZ, R. M. V.; ALEXANDRE, P. V. M. *Complexo eletrônico: introdução ao software*. BNDES Setorial, n. 20, p. 3-76, set. 2004. Disponível em: <http://www.bndes.gov.br/SiteBNDES/export/sites/default/bndes_pt/Galerias/Arquivos/conhecimento/bnset/set2001.pdf>. Acesso em: 15 ago. 2011.

De acordo com o Instituto Brasileiro de Geografia e Estatística – IBGE, temos no período de 2006 a 2009 uma pequena variação no número de empresas de TI, as quais empregavam 467.334 pessoas em 2009. Em relação à receita líquida destas empresas, o valor total em 2003 foi de R$ 28,3 bilhões, chegando a R$ 43,8 bilhões em 2008, sendo parte considerável desta receita – mais de 50% – proveniente do desenvolvimento de *softwares*. As pesquisas indicam que esses valores tendem a aumentar nos próximos anos, devido a fatores tais como investimento do governo e diversos segmentos relacionados aos eventos Copa do mundo e olimpíadas; aumento das demandas das pequenas e médias empresas; desenvolvimento do setor de consumo e de novos canais de varejo e novas fusões e aquisições.[66]

Gráfico 1: Número de empresas de TI no período 2006-2009

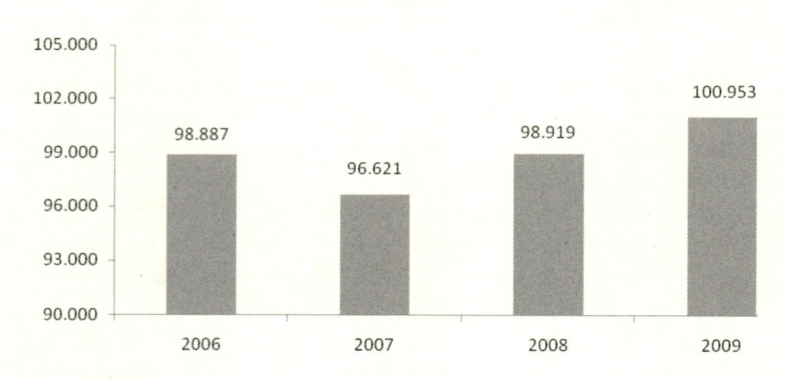

Ano	Número
2006	98.887
2007	96.621
2008	98.919
2009	100.953

Fonte: IBGE (2011)

Gráfico 2: Receita líquida das empresas de TI no período 2003-2008 (Em mil R$), valores constantes 2005

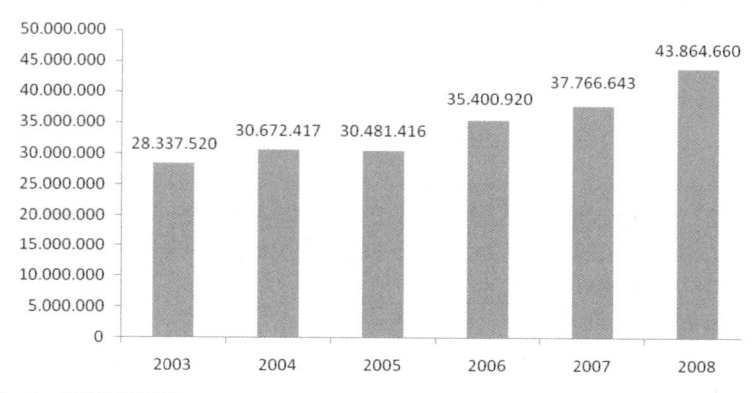

Ano	Valor
2003	28.337.520
2004	30.672.417
2005	30.481.416
2006	35.400.920
2007	37.766.643
2008	43.864.660

Fonte: IBGE (2011)

É interessante ressaltar que mais de 99% da indústria brasileira de TI é constituída por empresas privadas. Além disso, a distribuição destas organizações no Brasil é desigual, sendo que em 2009, 77,21% delas estavam localizadas na região sudeste.[67]

Tabela 1: Distribuição das empresas de TI no Brasil

REGIÃO	NÚMERO DE EMPRESAS	%
Norte	487	0,69%
Nordeste	3.116	4,42%
Sudeste	54.390	77,21%
Sul	9.078	12,89%
Centro-oeste	3.373	4,79%

Fonte: IBGE (2011).

Em outra pesquisa realizada pelo IBGE, com as duas mil maiores empresas de TI no Brasil com mais de vinte funcionários, podemos verificar que estas tiveram um faturamento de R$ 39,4 bilhões em 2009, com destaque para as atividades indicadas na tabela 2.

Tabela 2: Distribuição do faturamento das empresas de TI com mais de 20 funcionários em 2009

ATIVIDADE	RECEITA (Em Bilhões R$)	%
Desenvolvimento de *software*	13,00	33,1
Representação e licenciamento de *softwares* estrangeiros	4,40	11,1
Tratamento de dados e infraestrutura para hospedagem em TI e outros serviços de informação na internet	6,60	16,8
Consultoria técnica e auditoria em tecnologia da informação	6,10	15,6
Suporte técnico em tecnologia da informação	3,9	9,9

Fonte: IBGE (2011).

No que diz respeito ao porte das empresas de TI, medido pelo número de pessoas ocupadas, os dados do IBGE indicam que, de 100.953 empresas existentes em 2009, 90.255 eram microempresas com até quatro funcionários, o que corresponde a 89,4% do total de organizações. Os portes das empresas e os percentuais em relação ao número total de organizações de TI podem ser observados na Tabela 3. É relevante destacar que no entendimento sobre o porte das empresas, o IBGE adota a definição da Organização das Nações Unidas – ONU, em que microempresas são as empresas com até 9 pessoas ocupadas; empresas pequenas são as que possuem de 10 a 49 pessoas ocupadas; empresas médias, de 50 a 249 pessoas; e empresas grandes possuem 250 ou mais pessoas ocupadas.

Tabela 3: Porte das empresas de TI

NÚMERO DE PESSOAS OCUPADAS	NÚMERO DE EMPRESAS	PORTE	%
0 a 9	96.042	Micro	95,14
10 a 49	4.133	Pequeno	4,09
50 a 249	632	Médio	0,63
250 ou mais	146	Grande	0,14

Fonte: IBGE (2011).

Quando analisamos o porte das empresas pelo faturamento, a Pesquisa de serviços de tecnologia da informação do IBGE apresenta algumas observações interessantes referentes ao ano de 2009:

1. As empresas com receita anual até R$ 5 milhões constituem 55,8% do total de empresas pesquisadas.
2. As empresas com receita anual entre R$ 5 e 10 milhões respondem por 17% do total de empresas.
3. Organizações com receita entre R$ 10 e 15 milhões representam 7,1% das empresas.
4. Empresas com receita entre R$ 15 e 30 milhões representam 9,0% e
5. Aquelas organizações com receita superior a R$ 30 milhões, correspondem a 11,1% do total.

Os indicadores demonstram que as empresas de TI têm ocupado cada vez mais espaço no desenvolvimento econômico brasileiro. De acordo com levantamento feito pelo Instituto de Pesquisa Gartner, o setor de TI no Brasil apresentará crescimento anual de 9,9% até 2014. No entanto, os entraves e a burocracia são imensos no nosso país, o que nos torna pouco competitivos quando comparamos o nosso ambiente de negócios com o de outros países em expansão, como a Índia, Coreia do Sul e a China. Basta considerar as informações amplamente divulgadas sobre o Brasil no que tange, por exemplo, ao tempo de abertura de uma empresa, a carga tributária, a legislação trabalhista dentre outros obstáculos pelos quais os nossos empreendedores são obrigados a passar.

As Empresas de TI são Mais Inovadoras?

Considerando-se que são as empresas de TI que fornecem produtos e serviços que viabilizam a comunicação e a integração por meio de *hardwares* ou *softwares*, podemos supor que essas empresas precisam inovar constantemente em seus produtos e serviços para atender a demanda de diversas indústrias em um mercado global altamente competitivo e mutável.

Essa suposição é confirmada quando analisamos a Pesquisa de inovação tecnológica realizada pelo IBGE que demonstra o panorama geral da inovação no Brasil no período de 2006-2008 dentro de alguns setores específicos, dentre eles o setor de tecnologia da informação. Nesta pesquisa, observamos, inicialmente, que do total de empresas industriais pesquisadas, 38,1% foram inovadoras, enquanto que nas empresas de serviços, essa taxa foi de 46,2%, principalmente devido às organizações dos setores de TI e telecomunicações.

De uma forma geral, a inovação nos setores industriais e de serviços ocorre primordialmente em produto e processo, sendo que nas empresas industriais esse percentual é de 16,8% e nas empresas de serviços 22,2%. No que diz respeito à inovação só em produto, a diferença aumenta: 6% das empresas da indústria implementaram inovação só em produto, enquanto que no setor de serviços esse percentual foi de 15,3%.

Segundo o IBGE, as taxas de inovação das empresas de TI estão entre as mais elevadas da economia, com destaque para as atividades de desenvolvimento de *softwares* (58,2%), serviços de tecnologia da informação (46,1%) e tratamento de dados, hospedagem na internet e outros serviços relacionados (40,3%). No gráfico 3, apresentamos uma comparação da taxa de inovação entre alguns setores da economia.

Gráfico 3: Taxa de inovação dos setores da economia brasileira – período 2006-2008

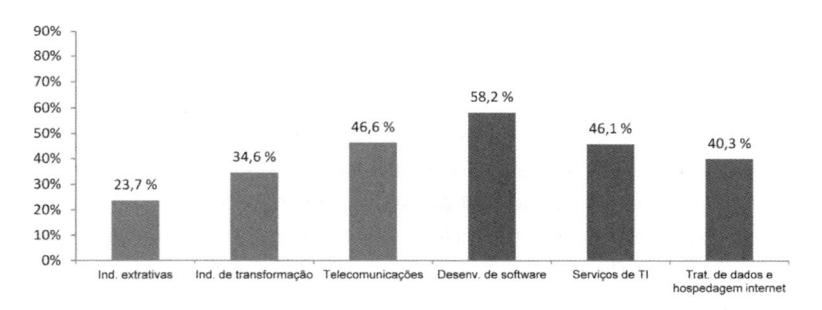

Setor	Taxa
Ind. extrativas	23,7 %
Ind. de transformação	34,6 %
Telecomunicações	46,6 %
Desenv. de software	58,2 %
Serviços de TI	46,1 %
Trat. de dados e hospedagem internet	40,3 %

Fonte: Pesquisa de inovação tecnológica (IBGE, 2010).

Um dado pertinente é que as taxas de inovação das empresas brasileiras de TI estão próximas daquelas verificadas em várias indústrias européias de *software* e serviços de TI no período 2002-2004, como a França (61%), Holanda (52%) e Espanha (49,9%). No entanto, é inferior às taxas de outros países, como a Grécia (87,8%), Alemanha (84,4%), Áustria (81,2%) e Portugal (72,8%).[68]

No caso das atividades que são empreendidas para viabilizar inovações, a pesquisa do IBGE destaca o crescimento do percentual de empresas que consideram a aquisição de *software* como relevantes para o processo de inovação: 16,6% no período 2003-2006 contra 26,5% no período 2006-2008. Além disso, as organizações industriais e de serviços consideram os fornecedores como fontes especiais de informação para inovação e importantes parceiros para articulações cooperativas, mais do que outras organizações e fontes, como universidades, concorrentes, clientes, feiras e exposições, e centros de capacitação. Dessa forma, verificamos que no decorrer dos anos há um aumento da importância das empresas de TI no contexto da inovação no Brasil.

Outro indicador relevante refere-se aos gastos das empresas com as atividades que visam preparar e desenvolver inovações. A pesquisa do IBGE demonstra que, entre os dez setores que apresentam as maiores proporções de gastos em relação ao faturamento, destacam-se as empresas de TI, sendo as empresas de tratamento de dados e hospedagem na internet apresentando o percentual de 6,5% e as empresas de desenvolvimento de *softwares* com 3,8%.

Vemos que essa é uma tendência das empresas de TI brasileiras, as quais têm aderido rapidamente às tendências globais do setor, investindo e captando tecnologia nova para garantir a sustentabilidade de seu crescimento.[69]

No entanto, como indicam alguns estudos, as empresas de menor porte que atuam na área de TI podem apresentar dificuldades no desenvolvimento de inovações devido aos riscos e investimentos necessários na construção de estruturas formais de pesquisa e desenvolvimento de novos produtos e serviços. Devido a isso, as empresas do setor têm se utilizado de estruturas de cooperação tecnológica e alianças estratégicas com outras organizações, visando à diminuição dos custos e riscos no processo de inovação.

Capítulo 10
Intraempreendedorismo em Empresas de TI

> "Grandes visionários são importantes;
> Grandes administradores são fundamentais."
>
> *Tom Peters*

Em diversas publicações acadêmicas, livros e artigos são descritas numerosas práticas intraempreendedoras que podem ser desenvolvidas no bojo das organizações. São práticas que vão desde uma simples caixa de sugestões e o seu real acompanhamento, com vistas à implantação de novas ideias, até a implantação de políticas de gestão de pessoas que favoreçam a inovação, como a remuneração variável – onde se considere a atitude empreendedora – ou até mesmo a criação de equipes multidisciplinares para projetos experimentais de médio e longo prazo.

Em nossa pesquisa realizada com diversos gestores de empresas de tecnologia da informação reconhecidas nacionalmente, especializadas em tecnologias digitais (*softwares*), identificamos que essas organizações realmente apresentam diversas práticas intraempreendedoras citadas pelos estudiosos do assunto, sendo que, em alguns casos, elas parecem estar mais sistematizadas e estruturadas, facilitando o desenvolvimento de inovações.

Assim, devido à alta demanda atual das organizações por tecnologias que facilitem os processos, promovam uma comunicação mais fluida e sejam capazes de diminuir custos operacionais, parece haver nas empresas de tecnologia da informação uma propensão maior em desenvolver mais rapidamente processos sistematizados de inovação, para que possam atender as necessidades atuais dos clientes com eficiência, qualidade e custos competitivos.

Antes de tudo, para identificarmos o grau de intraempreendedorismo em uma organização, precisamos analisar se determinadas práticas de gestão fazem parte do seu dia a dia. Baseados em diversas pesquisas sobre o assunto, elaboramos um conjunto de perguntas que servem de parâmetro para reconhecermos se uma empresa é intraempreendedora, como pode ser observado no Quadro 5.

Quadro 5: Perguntas para avaliação do grau de intraempreendedorismo de uma empresa

A MINHA EMPRESA É INTRAEMPREENDEDORA?

- A empresa estimula e encoraja os colaboradores a desenvolver novos produtos, serviços ou métodos de trabalho?
- A empresa possui metas e objetivos desafiadores compartilhados com a equipe?
- A empresa possui uma alta exigência de qualidade e eficiência em processos existentes (busca maneiras de fazer coisas de uma maneira melhor, de forma mais rápida, ou com menor custo; desenvolve procedimentos que asseguram o cumprimento de prazos e padrões de qualidade)?
- Os colaboradores possuem razoável autonomia para executarem seu trabalho de sua própria forma?
- Os colaboradores possuem fácil acesso e autonomia para buscar recursos dentro e fora da empresa na tentativa de construção de novas ideias?
- A comunicação é intensa e aberta em todos os níveis da organização?

- Os líderes são mais tolerantes a erros com novos projetos e ideias trazidas pela equipe (permissão para possíveis fracassos)?
- Os colaboradores são avaliados também com base na atitude e no desempenho empreendedor e inovador?
- A empresa possui um modelo de planejamento e monitoramento sistemáticos de projetos, objetivos, metas e indicadores (divisão de tarefas de grande porte em subtarefas com prazos definidos; revisão de planos de forma constante, manutenção de registros financeiros para tomada de decisões)?
- Existe reconhecimento público para aquelas pessoas que desempenham um papel intraempreendedor (empreendedorismo interno) dentro da organização por meio da implantação de alguma inovação?
- A empresa estabeleceu metas de longo prazo, claras e específicas?
- A organização desenvolve iniciativas de longo prazo e projetos que podem durar meses ou anos para ficarem prontos?
- Existem reuniões sistemáticas e frequentes para análise de novos projetos e/ou métodos de trabalho e gestão diferentes e inovadores?
- A empresa possui um ou mais líderes específicos para tratar as questões relacionadas à inovação, novos projetos e análise sistemática de oportunidades inovadoras?
- A empresa considera no recrutamento e seleção as competências e habilidades empreendedoras (perfil inovador)?
- A empresa possui alguma forma de gerenciar pequenos e experimentais produtos ou modelos de negócio?
- A empresa realiza treinamentos com foco em inovação, cultura empreendedora e motivação para a inovação?
- A empresa possui um modelo de remuneração ou incentivos que estimulem o comportamento empreendedor e inovador?

No estudo que realizamos com as empresas de TI, identificamos determinadas práticas intraempreendedoras que se mostraram essenciais para a implementação de uma cultura empreendedora. Trata-se de algumas metodologias de gerenciamento e enfoques que podem ser aproveitados por qualquer organização que busca planejar e executar sob a ótica do empreendedorismo. Vamos a elas.

Estímulo e Encorajamento ao Desenvolvimento de Novas Ideias, Produtos, Serviços e Processos.

Diversos estudos demonstram que o estímulo à inovação é uma prática comum em empresas que trabalham com tecnologia da informação. Várias matérias já foram publicadas sobre o Google e outras empresas ligadas à internet, as quais disponibilizam um percentual de tempo diário para que as pessoas possam pensar em novos projetos, produtos ou processos que gerem resultados para a organização.

Tem se tornado comum em algumas empresas de TI, a criação e acompanhamento de um banco de ideias digital, onde os colaboradores podem compartilhar, construir e apoiar novas ideias que surgem no decorrer do tempo. A TOTVS, por exemplo, uma das principais empresas de TI do Brasil e uma das maiores do mundo no que diz respeito a sistemas de gestão integrados (ERP's), possui uma "Rede Social Corporativa", um ambiente de colaboração que atua como um estimulador de inovações, onde as pessoas discutem ideias, compartilham conhecimento e interagem a fim de desenvolver novos produtos e processos.

Muitas vezes o estímulo ao desenvolvimento de inovações está formalizado como um valor da empresa ou entranhado na própria cultura organizacional proveniente das características de personalidade dos fundadores. No entanto, os resultados variam muito de empresa para empresa, justamente pela falta de sistematização e acompanhamento dos processos relacionados à inovação. A falta de um modelo estruturado e organizado faz com que as ideias se percam no dia a dia, pela ausência de responsáveis, prazos e reuniões específicas sobre as novas oportunidades que surgem a cada momento.

Planejamento e Monitoramento Sistemáticos

O planejamento e o monitoramento constante de indicadores, metas e ações é uma característica comum dos grandes empreendedores. Em empresas com nível de profissionalismo elevado e que estimulam e praticam o intraempreendedorismo, o planejamento geralmente pode ser observado sob três formas:

1. **Planejamento estratégico:** Ocorrendo sob responsabilidade da liderança maior, o planejamento estratégico é uma das principais bases das empresas que sobrevivem e alcançam o sucesso em qualquer lugar do mundo. Em modelos de gestão profissionais, os líderes estão sempre pensando estrategicamente, definindo seus planos de negócios, suas estratégias para todas as áreas da empresa e para a organização como um todo. As perguntas básicas formuladas nesse tipo de planejamento são: onde queremos estar no futuro e como trabalharemos para chegar lá? Qual a nossa proposição de valor para o cliente? Quais os possíveis cenários para os próximos meses, para os próximos anos? Quem são os nossos concorrentes? Quais as pessoas que nós precisamos? Como devemos executar a estratégia? O objetivo primordial é ganhar a preferência dos clientes e criar uma vantagem competitiva sustentável, gerando lucro suficiente para os acionistas e para o desenvolvimento contínuo da organização; trata-se da definição de uma direção para o negócio e o posiciona para seguir nessa direção. É nesse momento que a empresa busca compreender realmente o seu

negócio, e definir como oferecerá com lucratividade e valor superior sustentável aos seus clientes.

2. **Planejamento tático:** Após a definição dos objetivos estratégicos da organização, surgem os planos táticos, também chamados de iniciativas ou projetos. Constituem-se em um conjunto de tarefas intercaladas relacionadas a alguma área da empresa. Como exemplo, temos o plano de marketing, o plano de cargos e salários, o planejamento comercial ou o plano de treinamento e desenvolvimento da equipe. Por ser mais detalhado, o planejamento tático geralmente está sob responsabilidade dos gestores seniores e envolve a definição de quais tarefas deverão ser realizadas, os responsáveis, prazos e custos.

3. **Planejamento operacional:** As tarefas operacionais são aquelas que exigem o menor nível de pensamento estratégico. O seu planejamento é mais dinâmico, constituído a partir da decomposição das tarefas. Em empresas de tecnologia da informação, esse tipo de atividade geralmente é realizado por programadores, que têm a autonomia para planejar e executar a construção de componentes que fazem parte de projetos maiores. Por exemplo: a elaboração de uma página específica pertencente a um portal de informações na internet. Quando falamos de planos táticos de áreas organizacionais, temos como exemplo o planejamento operacional da descrição de cargos que faz parte de um plano de cargos e salários ou o levantamento de informações de concorrentes, como aspecto pertencente a um plano de marketing.

Nas empresas de TI pesquisadas, identificamos diversas práticas de planejamento e monitoramento sistemáticos que demonstram o grau de profissionalismo e intraempreendedorismo dessas organizações. Vejamos alguns exemplos:

- ✓ Definição de comitês para discussão de práticas de inovação em produtos e processos.
- ✓ Realização do planejamento estratégico anual, com reuniões de acompanhamento.
- ✓ Monitoramento de indicadores e metas através de ferramentas de gestão estratégica como o *Balanced Scorecard*.
- ✓ Implantação de modelos de gestão da qualidade com reuniões sistemáticas para avaliação de projetos de inovação.

Reflexão

Planejamento é 5% do Trabalho

Uma pesquisa realizada pela Consultoria Deloitte e a Revista Exame, publicada em 2010, com as pequenas e médias empresas que mais crescem no Brasil indica a alta relevância do planejamento para o crescimento e sucesso empresarial. A grande maioria das empresas, que participou da pesquisa, possui um plano ou planejamento – 89% delas –, sendo 63% de forma documentada e 26% não documentada. O estudo comenta ainda que no grupo das 40 empresas que estão saindo do patamar de médio para grande porte, 80% já possuem um planejamento estratégico formalizado.

No entanto, para os autores Larry Bossidy e Ram Charan, em seu livro Execução, ter um plano não garante nada. Além de definir uma direção para a organização, é preciso ter em mente a prática da disciplina da execução, com a realização do planejamento enfocando os "comos" da execução da estratégia, ou seja, focando a execução dos planos propostos, acompanhando de perto as ações dos grupos de trabalho e os resultados que surgem. O alinhamento da estratégia com todas as pessoas que colaboram com a organização é fundamental para a realização de uma execução bem feita.

A cultura de execução é a base dos modernos modelos de gestão empresarial. Ela tem a finalidade de interligar os três processos-chave de uma organização, que são o processo da estratégia, de pessoas e operações. A essência do funcionamento de um negócio é a forma como são interligados os três processos, e os líderes precisam dominar completamente os processos individuais e a maneira como eles funcionam como um todo.

Como enfatizam os autores, os líderes das empresas de sucesso precisam colocar em prática a disciplina da execução, o que significa estarem envolvidos intimamente nos três processos-chave e, consequentemente, terem o conhecimento aprofundado do negócio da empresa. De acordo com o professor de gestão da London Business School, Patrick Barwise, "não existem empresas de fato bem-sucedidas que não sejam muito boas na execução, e nós acreditamos que esse aspecto quase sempre é mais determinante do que a estratégia."

A execução é um processo sistemático de discussão exaustiva de como colocar em prática as estratégias da organização, questionando e levando adiante o que foi decidido e assegurando que as pessoas terão sua responsabilidade específica pela execução. Isso inclui elaborar hipóteses sobre o ambiente de negócios, avaliar as habilidades da empresa, ligar estratégia a operações e às pessoas que irão implementá-la, sincronizando essas pessoas e suas várias disciplinas e atrelando incentivos a resultados. É uma forma de expor a realidade e agir sobre ela. Dessa maneira, os líderes que praticam a cultura da execução conseguem colocar em prática – executar – todos os planos propostos para a empresa, fazendo com que a estratégia da organização possa ser cumprida, gerando, consequentemente, os resultados esperados. Com o planejamento, temos 5% do trabalho realizado. O restante – 95% – é execução.

COMUNICAÇÃO INTENSA E ABERTA

Um dos maiores fatores de motivação para a inovação diz respeito ao padrão de comunicação existente dentro da empresa. As pessoas querem ver um sentido naquilo que fazem, querem saber literalmente "o que está acontecendo" e a estratégia que a organização está executando para vencer os desafios do mercado. Como indica o professor Bom Sucesso,

> "A complexidade da motivação humana e o cenário econômico instável exigem a instalação do diálogo permanente entre lideranças e equipes. Esse processo amplia os níveis de conscientização e engajamento do indivíduo com a organização. Empregados bem informados e que confiam nos dados que lhe são apresentados mostram maior possibilidade de compatibilizar anseios e expectativas pessoais à realidade da empresa."[70]

Assim, as grandes indagações dos colaboradores hoje são:

- Qual a minha importância para a organização?
- Posso ter voz e ser ouvido facilmente pelos líderes da empresa?
- Qual a relação das minhas atividades com a estratégia da empresa?

Pergunte a qualquer gestor ou profissional operacional qual o maior problema de sua empresa atualmente. A comunicação será a principal resposta. É o líder que diz uma coisa e faz outra; é a falta de um manual de integração que levou o novo colaborador a ficar "perdido" em suas ações; é o gestor que segura a informação e não repassa... E vários outros exemplos podem ser citados.

Um dos maiores líderes empresariais de todos os tempos, Jack Welch, batia muito nessa tecla. Para ele, os níveis hierárquicos das organizações eram camadas que isolavam as pessoas e tornavam as coisas mais lentas, provocando ruído de comunicação. Uma cultura vitoriosa deveria, então, estar baseada em uma "organização sem fronteiras", baseada nas seguintes premissas:

1. Substituição das hierarquias por equipes multifuncionais.
2. Eliminar o conceito de gerente, transformando-o em um líder empresarial.
3. Em vez de funcionários recebendo ordens, ter funcionários dotados de *empowerment* e responsabilidade por suas atividades.
4. Remoção das barreiras entre as funções e entre os níveis organizacionais.[71]

Outro fator que veio tornar a situação ainda mais complexa e relevante foi a entrada da geração Y no mercado de trabalho. Os nascidos a partir de 1979 possuem algumas características diferenciadas que levam as empresas a olharem com muito mais atenção a questão da comunicação. Além de não aceitar hierarquias e burocracias exageradas, essa geração não suporta ficar alheia aos fatos e aos líderes. Querem entender qual a sua importância na máquina organizacional, e precisam de uma comunicação livre e aberta com seus liderados e diretores.

Por sua juventude e interação com as novas tecnologias de comunicação, as empresas de TI de sucesso parecem possuir em seu DNA essa abertura na comunicação. A cultura organizacional é mais propícia ao diálogo e à interação, o que pode ser facilitado por aspectos como a pouca idade dos profissionais e das próprias empresas, os quais estão mais integrados a um ambiente de colaboração e compartilhamento de informações, reforçada pelas inovações tecnológicas atuais, como a internet, os equipamentos de telecomunicações dentre outras. E como as tecnologias mudam muito rapidamente, e inúmeras novas empresas adentram neste mercado, não há muito espaço para modelos centralizados, hierarquias rígidas e reduzida integração interorganizacional.

Vários gestores das organizações pesquisadas citaram essa questão, comentando que "existe um conceito de portas abertas em relação à alta direção da empresa e qualquer pessoa pode ter acesso a qualquer um dos sócios..." e falas como "Nós temos uma política de portas abertas... qualquer pessoa pode vir aqui e falar com o diretor da empresa".

Uma prática interessante é inserir essa filosofia nos valores da empresa, como ocorre, por exemplo, com a *Hewlett-Packard* — HP que possui em sua Política de portas abertas o seguinte princípio: "Os administradores e chefes devem promover um clima em que os empregados se sintam livres e confortáveis para buscar conselhos individuais, expressar suas preocupações e oferecer suas ideias".

Ferramentas simples podem ser implantadas em uma organização para facilitar a comunicação e melhorar o seu fluxo entre os colaboradores. Alguns exemplos:

- ✓ Criação de um manual de normas e procedimentos, o qual deve ser constantemente atualizado e divulgado entre os colaboradores.
- ✓ Criação de canais diretos de comunicação com a diretoria e presidência por meio de reuniões e encontros formais ou informais.
- ✓ Sistemas de sugestões e pesquisas de opinião.
- ✓ Fornecer *feedback* das informações da empresa aos empregados em reuniões e encontros sistemáticos.
- ✓ Relatórios diários da gerência para diretoria com as informações mais importantes ocorridas no decorrer do dia.
- ✓ Cartazes e banners motivacionais e informativos com o objetivo de passar para a equipe novas informações ou reforçar tópicos de treinamentos ou da própria cultura organizacional.

✓ Convenções mensais para apresentação dos resultados da empresa.

AUTONOMIA

A liberdade para os colaboradores executarem seu trabalho de sua própria forma é outro aspecto essencial para a construção de organizações inovadoras. Como ressalta um Diretor de uma empresa de TI pesquisada, "Somos um ambiente muito democrático, de muita facilidade para a participação das pessoas. Esse sistema permite que as pessoas possam formalmente criar, sugerir, discutir e criticar qualquer coisa na empresa."

O resultado visível é que essa autonomia e liberdade promovem uma crescente criatividade, já que algumas amarras burocráticas estão mais soltas dentro da empresa. E a criatividade, aliada a métodos ou processos que permitam registrar e construir as ideias e facilitar a sua viabilidade, torna a inovação cada vez mais visível e passível de sucesso.

Na realidade da maioria das empresas, é bastante complexo dar autonomia para os colaboradores e ao mesmo tempo obter os resultados que a organização precisa, considerando prazos e padrão de qualidade. Para alguns setores econômicos parece ser mais fácil, como empresas que trabalham com projetos ligados à arte e cultura, desenvolvimento de *software*, moda, novas mídias, enfim, aquilo que hoje se convencionou chamar de Economia Criativa, baseada no tripé Inovação, Imaginação e Criatividade.

De uma maneira geral, os processos organizacionais precisam ser cumpridos de forma disciplinada, principalmente quando se trata de unidades onde a racionalidade é um fator preponderante, como a logística e o financeiro. Mesmo em uma unidade comercial, torna-se complexo dar autonomia para um profissional de vendas "vender do seu jeito", a não ser que a sua forma específica de abordagem e negociação tragam resultados acima da média. Se existem técnicas de vendas eficazes, comprovadas cientificamente, elas devem ser inseridas no processo de atendimento. A liberdade em fazer da própria forma deve dar lugar a um modelo que já foi testado e capaz de gerar benefícios elevados para a organização.

Para adaptar a questão da autonomia às empresas e processos "tradicionais", devemos pensá-la como uma forma de analisar, criticar e repensar os procedimentos atuais. Executo o processo, mas tenho a liberdade de sugerir melhorias e ser ouvido quanto a isso. Como consequência, se desenvolvo uma nova forma de realizar a atividade, e essa forma é mais eficiente e eficaz, com ganho de tempo e qualidade, tal maneira é validada pela empresa empreendedora, que passa a adotar os novos métodos. A cultura organizacional baseada na flexibilidade e autonomia reconhece os ganhos das mudanças e não fica presa por muito tempo aos modelos anteriores, menos produtivos.

Destaquemos, em resumo, alguns itens que podem gerar autonomia e inovação em uma organização:

- ✓ Estimular o envolvimento dos empregados nas decisões e resolução de problemas no ambiente de trabalho.
- ✓ Criação de comitês de empregados para análise dos problemas e melhoria da qualidade e produtividade.
- ✓ Envolvimento dos empregados na reestruturação de funções e distribuição dos ganhos.
- ✓ Adaptação dos horários de trabalho, para minimizar conflitos entre trabalho e outros aspectos da vida do colaborador (família, saúde etc.).[72]

Qualidade e Eficiência

Como vimos anteriormente no Capítulo 7, a exigência de qualidade e eficiência é um dos comportamentos empreendedores que foram identificados na pesquisa realizada pela *The United Nations Conference on Trade and Development* – UNCTAD. Isso significa que a pessoa empreendedora possui duas posturas específicas:

1. Ela sempre está buscando novas e melhores maneiras de fazer as coisas, isto é, de forma mais rápida, ou com menor custo.
2. Desenvolve procedimentos que asseguram o cumprimento de prazos e padrões de qualidade previamente combinados.

Nas empresas de TI essa questão é prioritária. Na pesquisa que realizamos com empresas do setor, verificamos a existência de práticas que disciplinam a execução dos processos organizacionais, obtendo-se qualidade e eficiência nos produtos finais. Trata-se de procedimentos mais simples como a definição de reuniões sistemáticas para análise de projetos e indicadores, até processos mais complexos como sistemas de gestão da qualidade e certificações de qualidade que padronizam as ações relacionadas à construção de produtos e serviços. Esses padrões estão baseados em práticas de gestão consolidadas e utilizadas pelas melhores empresas do setor em diversos países, o que torna a busca pela excelência na qualidade e eficiência um aspecto relevante para as empresas de TI.

Além das certificações de qualidade, como a própria ISO 9000, as empresas de TI estimulam os profissionais do setor a buscarem certificações específicas voltadas para o conhecimento de determinado *software* ou modelo de gerenciamento, o que eleva ainda mais a capacidade das organizações de obterem qualidade e eficiência nos seus processos.

Podemos pensar que questões como qualidade, produtividade, eficiência e melhoria contínua são o objetivo de qualquer empresa, seja qual for o setor. Isso significa que essas organizações possuem tal comportamento empreendedor? Nem sempre. Querer, aqui, não é poder. É preciso vontade e senso de execução. As empresas de TI destacam-se nesse ponto devido a disciplina na implementação dos processos de qualidade. Além disso, os clientes demandantes de serviços de TI têm exigido determinadas certificações de qualidade, levando as empresas do setor a atuarem obrigatoriamente dentro dos padrões de exigência do mercado. Não há outro caminho para o crescimento e manutenção dessas organizações. É o que ocorre, por exemplo, no setor varejista, em que as grandes redes determinam uma série de requisitos a serem atendidos pelos fornecedores.

Acreditamos que as empresas de qualquer setor de atuação podem aproveitar esses sistemas de gestão, utilizando suas ferramentas para ampliar a qualidade dos produtos e eficiência dos procedimentos operacionais. Para esse fim, os gestores podem trazer ajuda de fora, por meio da contratação de consultorias de gestão ou profissionais especializados, como é muito comum em empresas de TI.

Reflexão

O Que é uma Consultoria de Gestão?

A consultoria de gestão pode ser denominada como um serviço de aconselhamento fornecido por profissionais altamente treinados e qualificados que são contratadas para auxiliar, de maneira independente, as organizações a identificar problemas de gerenciamento, analisar tais problemas e recomendar e apoiar a implementação de soluções. Esclarecendo esses aspectos temos que:

- Serviços de aconselhamento indica que os consultores são responsáveis pela qualidade de seus conselhos, mas que eles não substituem gerentes e não possuem autoridade formal.

- Independente indica que os consultores possuem independência financeira, intelectual e emocional.
- Treinados e qualificados mostra que um consultor é mais do que um indivíduo e sua experiência pessoal.

De uma forma geral, os consultores podem ser definidos como sendo pessoas contratadas para ajudar a empresa-cliente a reduzir a diferença entre a sua situação atual e a sua situação desejada. Esses serviços ajudam no melhor uso dos recursos e competências dos clientes, através da aplicação de metodologia e técnicas próprias de cada consultoria, envolvendo algumas atividades, tais como:

- Aconselhamento na análise, planejamento, organização, operação e funções de controle.
- Condução de estudos especiais, preparando recomendações, propondo planos e programas e fornecendo conselhos e assistência técnica na implementação dos mesmos.
- Revisão e sugestão de políticas de melhorias, procedimentos, sistemas, métodos e relacionamentos organizacionais.
- Introdução de novas ideias, conceitos e métodos de gestão.

É inquestionável a relevância das empresas que atuam neste setor. A maioria das inovações em áreas como estratégias surgem das consultorias e elas são diretamente responsáveis pelo atual estágio da teoria da administração, devido à quantidade e qualidade das contribuições. De uma forma mais específica, os consultores de gestão apoiam as organizações das seguintes maneiras:

- Fornecem informações, aconselham ou ajudam.
- Fornecem um ponto de vista externo.

- Fornecem uma teoria sobre o processo de funcionamento da organização.
- Baseiam-se no uso de múltiplos modelos.
- Requerem um forte processo conceitual.
- Criam uma estrutura para entender as inter-relações entre as diferentes maneiras de ver a organização.
- Mostram como o conhecimento genérico é transmitido do consultor para o sistema do aconselhado.

O Brasil constitui-se em um importante centro para as empresas de consultoria de gestão. Aqui, o mercado está dividido da seguinte maneira:

- Consultorias multinacionais – Accounting firms e consultorias artesanais (butiques de estratégia).
- Consultorias nacionais (existem milhares).
- Consultorias universitárias.

Embora encontremos algumas publicações sobre o setor e da sua importância para a economia brasileira, não existem estatísticas oficiais do governo e a maioria dos dados disponíveis não são confiáveis. A coleta de informações sobre o setor e as empresas que o compõem é extremamente difícil.

Fonte: OLIVEIRA, Eduardo Sampaio. *Critérios de decisão relevantes na escolha e contratação de serviços de consultoria de gestão: a perspectiva de clientes.* 213f. Tese de doutorado. Programa de Pós-Graduação em Administração, Universidade de São Paulo, São Paulo, 2005.

Tolerância a Erros

O professor e especialista em educação Ken Robinson apresenta um discurso muito instigante quando aborda a questão do erro e como ele é visto dentro da sociedade. Em suas palestras ele cita a história de uma criança de seis anos que estava numa aula de desenho, desenhando, e a professora disse que esta criança raramente prestava atenção nas aulas, sendo que nesta aula a criança estava bastante atenta. A professora estava fascinada e perguntou a ela, "O que você está desenhando?" E a criança respondeu-lhe: "Estou desenhando uma imagem de Deus." E a professora replicou, "Mas ninguém sabe como é Deus!" E a criança respondeu, "Saberão em um minuto". De acordo com o educador:

> "As crianças arriscam. Se não sabem, tentam. Eles não receiam estar errados. Com isto, não quero dizer que estar errado é a mesma coisa que ser criativo. O fato é: se não estivermos preparados para errar, nunca conseguiremos nada de original. E quando chegam a adultos, a maior parte das crianças já perdeu essa capacidade. Eles ficam com receio de errar. É assim que gerimos as nossas empresas hoje. Estigmatizamos os enganos. E agora desenvolvemos sistemas de educação onde os erros são a pior coisa que podemos fazer. E o resultado é que estamos educando pessoas sem as suas capacidades criativas. Picasso disse uma vez que todas as crianças nascem artistas. O problema é nos manter como artistas enquanto crescemos. Eu acredito nisto apaixonadamente: não crescemos para a criatividade, afastamo-nos dela. Ou antes, somos educados para perdê-la. Porque é assim?"

Como a nossa formação estigmatiza o erro, logicamente que as organizações atuais seguem essa tendência. Em alguns poucos casos, porém, observamos alguns líderes diferenciados que possuem uma maior tolerância a erros, como identificado em empresas de TI. Em uma grande empresa pesquisada, por exemplo, existe o valor corporativo de se "errar rápido", demonstrando flexibilidade e facilitando o desenvolvimento de soluções inovadoras para produtos, serviços e processos organizacionais.

Dentro das organizações, a pouca tolerância a erros pode ser facilmente percebida nas reuniões de alinhamento de ideias, *brainstorming* ou qualquer outro fim. E sem uma metodologia correta, a inovação ou melhoria podem ir para os ares.

Sobre esse assunto, sempre é importante frisar o método de criação criado por Walt Disney. Em seu processo de construção de filmes, o empresário se revestia de três personalidades que viam o produto de formas diferentes e complementares. Uma integração perfeita entre o lado racional e emocional do cérebro.

A primeira posição escolhida por Disney era a do Sonhador. Como esclarecem os escritores Joseph O'Connor and John Seymour,[73] Disney criava neste espaço o sonho ou a ideia do filme inteiro. Imaginava como a história seria vista pelos olhos de cada personagem e quais seriam seus sentimentos. O foco aqui era a criatividade sem amarras, sem censura ou autocríticas. Não importava aqui se o projeto era viável ou não, fantasioso demais, ou não. A racionalidade (e suas restrições) estava bem diminuída nesta personalidade.

Depois disso, Disney migrava para uma segunda posição, denominada Espaço do Realista. Agora sim, aspectos como custo, tempo e recursos eram analisados a fim de saber como viabilizar a nova produção. Nas empresas é aquele momento de criação do Plano de Ação. A pergunta chave aqui é: esse projeto pode tornar-se realidade?

Na terceira posição, chamada de Espaço do Crítico, chegava o momento de analisar criticamente o projeto, respondendo perguntas como: o que pode dar errado? O que está faltando? Onde podemos melhorar? O que pode ser eliminado? Qual será a percepção do público?

Observe que as pessoas, no geral, iniciam pelo final. As ideias, logo ao nascerem, são criticadas. Falta-nos paciência. Já queremos ver os resultados, típico de um cérebro dominado pela racionalidade e pressa excessivas. As consequências para as empresas são desastrosas, com aumento do estresse coletivo, baixa criatividade na resolução de problemas e falta de estímulo para a inovação.

As evidências demonstram um grau maior de tolerância a erros em empresas de TI, porém com níveis diferentes, de acordo com o tipo de negócio. Organizações especializadas em jogos eletrônicos, desenvolvimento de *softwares* e novas mídias possuem modelos de gestão mais flexíveis e tolerantes a erros no que tange à construção de produtos, ainda que algumas sejam administradas por meio de metodologias de gestão de projetos, com processos bem definidos.

Ainda existe um longo caminho a ser trilhado no que diz respeito à tolerância a erros dentro das organizações. Talvez esse seja o aspecto menos evoluído dentre aqueles identificados em nosso estudo. No entanto, determinadas posturas progressistas das gerações mais jovens, bem como a mudança de mentalidade de novos educadores e líderes, poderão transformar o paradigma atual, levando a humanidade e as organizações a patamares inacreditáveis de inovação e criatividade.

"Por que uma empresa não pode ser vitoriosa e feliz? Percebemos que quando as pessoas não se sentem participativas do processo, ficam infelizes. Elas querem construir coisas, sejam pequenas ou grandes. Quando percebem que podem ser ouvidas, que são participativas, que realmente estão construindo algo, tudo fica mais leve. Nós criamos um processo que se baseia em três pontos: coração, bolso e cabeça: uma pessoa só se sente parte do negócio, se ela puder participar, e aí, gostando, passa a usar mais a cabeça. Mas se ela não sentir que sua evolução financeira é justa, é efetiva, essa motivação não se sustenta por muito tempo."

Filosofia Magazine Luiza

Para onde Podemos Ir?

Para onde podemos ir agora, a partir da compreensão do intraempreendedorismo? Quais são as dificuldades que devem ser superadas pelas organizações com vistas à institucionalização de práticas intraempreendedoras?

Em primeiro lugar, um dos principais desafios na implementação de práticas de gestão que levam à inovação estão relacionados com as políticas de gestão de pessoas. O nosso estudo com as empresas de TI identificou a ausência de modelos mais estruturados de recursos humanos, no que diz respeito às políticas de recrutamento e seleção que favoreçam atitudes e competências empreendedoras de candidatos, políticas de retenção e avaliação que valorizem essas competências e remuneração variável (ou incentivos financeiros) para ideias que dão certo comercialmente. Desenvolver um RH que apoie a construção de uma cultura empreendedora é um passo decisivo no processo de difusão e consolidação de estruturas voltadas para a inovação sistemática.

Outra questão está relacionada à necessidade de mudança de mentalidade por parte dos líderes empresariais no que diz respeito à construção de um ambiente mais democrático e aberto à inovação. Se a alta direção não compra a ideia, não haverá sucesso na criação de ambiente voltado para o intraempreendedorismo. Além disso, os colaboradores, no geral, não se enxergam como "donos do negócio", estando mais preocupados em executar suas funções da forma como foram repassadas pelos seus gestores. E como a gestão não estimula o empreendedorismo corporativo nem oferece recompensas para aqueles que inovam, temos um círculo vicioso prejudicial para o próprio desenvolvimento do país.

Há anos os economistas vêm ressaltando o baixo grau de competitividade do Brasil em relação aos outros países desenvolvidos e emergentes. Claro, temos diversos fatores externos que impactam nessa questão, como a burocracia, carga tributária elevadíssima, legislação trabalhista antiquada e um modelo educacional que precisa ser revisto. Porém, vejo diariamente nos nossos trabalhos de consultoria, o quanto as organizações têm trabalhado erradamente em seus modelos de gestão. Falta planejamento, o atendimento é precário, as pessoas não sabem liderar e os processos não funcionam. A própria contratação de consultorias de gestão ainda é vista como ineficaz e custosa para os empresários. O contrário do que é visto nas organizações que crescem, principalmente nas empresas de TI, que na maioria dos casos contam com conselheiros externos desde os primeiros anos de suas atividades.

Doravante, profissionalizar a gestão é o primeiro passo. É preciso criar uma cultura que prime pelo equilíbrio entre os processos e as pessoas, com foco em resultados. Depois, trabalhar as habilidades humanas em todos os níveis da empresa, já que esse fator é preponderante para construir um clima organizacional agradável, mantendo as pessoas constantemente motivadas em seus trabalhos. Com essa base criada, as organizações poderão paulatinamente estabelecer práticas intraempreendedoras através das ferramentas e modelos discutidos durante o livro.

Exercitar a disciplina será o óleo do motor nessa viagem rumo à inovação sistemática.

Sucesso nessa caminhada é o que desejamos a partir de agora!

"Quando o ritmo de mudança dentro da empresa for ultrapassado pelo ritmo da mudança fora dela, o fim está próximo."

Jack Welch

Continue a Sua Experiência com o Tema!

No site intraempreendedorismo.com.br você encontrará conhecimento atualizado à respeito de práticas e experiências reais de inovação e intraempreendedorismo em empresas nacionais e internacionais de diversos segmentos de atuação.

Além disso, você pode compartilhar ideias, sugerir práticas inovadoras e discutir o empreendedorismo nas empresas com especialistas, professores, profissionais e estudantes interessados no assunto. É fácil e gratuito! Esperamos o seu contato!

www.intraempreendedorismo.com.br

O Autor

Guilherme Said é bacharel em Administração de Empresas (UFC), pós-graduado em Gestão Empreendedora (IEL-UFC) e mestre em Administração e Controladoria (UFC). Atuou durante vários anos como gestor em empresas privadas, hoje é professor universitário em cursos de graduação e pós-graduação, consultor de empresas e diretor de projetos de consultoria da SAID Desenvolvimento Empresarial e Humano. Como consultor, desenvolve treinamentos, pesquisas e projetos de planejamento estratégico, gestão comercial, empreendedorismo, redesenho de processos e programas de desenvolvimento de líderes. Palestrante e articulista, tem vários textos publicados em jornais, revistas e sites brasileiros. É também coordenador do Portal de Cultura e Gestão SóCultura.com.

Sites:
www.saidconsultoria.com.br
www.socultura.com

E-mail:
guilhermesaid@saidconsultoria.com.br

Referências

Capítulo 1

1   DRUCKER, Peter F. *Inovação e Espírito Empreendedor*. São Paulo: Pioneira, 1986.
2   DRUCKER, Peter F. *Inovação e Espírito Empreendedor*. São Paulo: Pioneira, 1986, p.45.
3   BANCO MUNDIAL. *Conhecimento e Inovação para a Competitividade / Banco Mundial*. Tradução: Confederação Nacional da Indústria. – Brasília: CNI, 2008.
4   DRUCKER, Peter F. *Inovação e Espírito Empreendedor*. São Paulo: Pioneira, 1986, p.25.

Capítulo 2

5   DOLABELA, Fernando. *O segredo de Luísa*. Rio de Janeiro: Sextante, 2008.
6   BIRKINSHAW, J. *The Paradox of Corporate Entrepreneurship*. Strategy and Business, 2003. Disponível em: http://www.strategy-business.com/article/8276?pg=all> Acesso em: 22 dez. 2010.
7   PINCHOT III, G. *Intrapreneuring: why you don´t have to leave the corporation to become an entrepreneur*. New York: Harper & Row, 1985.
8   HASHIMOTO, M.; DE AVÓ, M. R.; SILVA, L. I. A Relevância do Intraempreendedorismo nas PMEs: a influ-

ência dos conflitos de agência e praticas institucionalizadas In: *Encontro de Estudos sobre Empreendedorismo e Gestão de Pequenas Empresas*, 5., 2008, São Paulo. Anais... São Paulo, Fevereiro, 2008.

Capítulo 4

9   SCHUMPETER, J.A. *Teoria do Desenvolvimento Econômico*. São Paulo: Abril Cultural, 1982.
10 SCHUMPETER, J.A. *Teoria do Desenvolvimento Econômico*. São Paulo: Abril Cultural, 1982, p.47.
11 DRUCKER, Peter F. *Inovação e Espírito Empreendedor*. São Paulo: Pioneira, 1986, p. 85.
12 SCHUMPETER, J.A. *Teoria do Desenvolvimento Econômico*. São Paulo: Abril Cultural, 1982, p.48.
13 CONDE, M. V. F.; ARAUJO-Jorge, T. C. Modelos e concepções de inovação: a transição de paradigmas, a reforma da C&T brasileira e as concepções de gestores de uma instituição pública de pesquisa em saúde. *Revista Ciência & Saúde Coletiva*, Rio de Janeiro, v. 8, n. 3, 2003, p.732.
14 DRUCKER, Peter F. *Inovação e Espírito Empreendedor*. São Paulo: Pioneira, 1986.
15 DRUCKER, Peter F. *Inovação e Espírito Empreendedor*. São Paulo: Pioneira, 1986.
16 NONAKA, I.; TAKEUCHI, H. *Criação de Conhecimento na Empresa*. Rio de Janeiro: Campus, 1997, p. 4.
17 HANSEN, M.; NOHRIA, N.; TIERNEY, T. What's your strategy for managing knowledge? Harvard Business Review, p. 106-116, mar./abr. 1999.
18 O´DELL, C. *A current review of knowledge management best practice*. Conference on Knowledge Management and the transfer of best practices, 1996, Londres: Business Intelligence, 1996.
19 TERRA, J. C. C. *Gestão do Conhecimento: o Grande Desafio Empresarial*. São Paulo: Negócio, 2001.

20 FINLAYSON, Andrew. *Perguntas que Resolvem*. Rio de Janeiro: Campus, 2002.
21 FLEURY, M. T. L. *Aprendizagem e Inovação Organizacional*. 2. ed. São Paulo: Atlas, 2006.
22 BAGHAI, M.; COLEY, S.; WHITE, D. *A Alquimia do Crescimento*. Rio de Janeiro: Record, 1999.
23 PINCHOT III, G. *Intrapreneuring: why you don´t have to leave the corporation to become an entrepreneur*. New York: Harper & Row, 1985.
24 CABRAL, A. S.; YONEYAMA, T. *Economia Digital: uma perspectiva estratégica para negócios*. São Paulo: Atlas, 2001.
25 LACOMBE, F. J. M. *Dicionário de Administração*. São Paulo: Saraiva, 2004.
26 FLEURY, A.; FLEURY, M. T. L. *Aprendizagem e Inovação Organizacional*. 2. ed. São Paulo: Atlas, 2006.
27 ROBERTS, Karlene H.; GRABOWSKI, M. Organizações, tecnologia e estruturação. In: CLEGG, S.; HARDY, C.; NORD, W. *Handbook de Estudos Organizacionais*: ação e análise organizacionais. São Paulo: Atlas, 2004. v. 3, p. 313-333.
28 ROBERTS, Karlene H.; GRABOWSKI, M. Organizações, tecnologia e estruturação. In: CLEGG, S.; HARDY, C.; NORD, W. *Handbook de Estudos Organizacionais:* ação e análise organizacionais. São Paulo: Atlas, 2004. v. 3, p. 313-333.
29 OECD. Organização para cooperação econômica e desenvolvimento. OSLO Manual: Proposta de diretrizes para coleta e interpretação de dados sobre inovação tecnológica. *Departamento Estatístico da Comunidade Européia*. Traduzido sob responsabilidade da Financiadora de estudos e projetos – FINEP, 2004. Disponível em: http://www.finep.gov.br/imprensa/sala_imprensa/manual_de_oslo.pdf. Acesso em: 25 jun. 2011.
30 ROBERTS, Karlene H.; GRABOWSKI, M. Organizações, tecnologia e estruturação. In: CLEGG, S.; HAR-

DY, C.; NORD, W. *Handbook de Estudos Organizacionais:* ação e análise organizacionais. São Paulo: Atlas, 2004. v. 3, p. 326.
31   SHAPIRO, C.; VARIAN, Hal R. *A Economia da Informação.* 11. ed. Rio de Janeiro: Campus Elsevier, 2003.

Capítulo 6

32   LANDES, D. S. *Prometeu Desacorrentado.* Rio de Janeiro: Nova Fronteira, 1994.
33   LANDES, D. S. *Prometeu Desacorrentado.* Rio de Janeiro: Nova Fronteira, 1994.
34   GARCIA, F.C. *Repesando o Paradigma Taylorista na Ciência Administrativa:* um ensaio sobre os primórdios da racionalização do trabalho. Belo Horizonte: CAD, 1981 (Tese para Professor Titular da FACE-UFMG).
35   FOUCAULT, M. *Vigiar e Punir.* Petrópolis: Vozes, 1987, p.132.
36   HUBERMAN, L. *História da Riqueza do Homem.* Rio de Janeiro: Zahar, 1959.
37   IVANCEVICH, J.M. *Gestão de Recursos Humanos.* São Paulo: McGraw-Hill, 2008.
38   GARCIA, F.C. *Repesando o Paradigma Taylorista na Ciência Administrativa:* um ensaio sobre os primórdios da racionalização do trabalho. Belo Horizonte: CAD, 1981 (Tese para Professor Titular da FACE-UFMG).
39   TEIXEIRA, Francisco Lima T. Nota técnica: tudo que é sólido desmancha no ar, inclusive as fronteiras acadêmicas. In: CLEGG, S.; HARDY, C.; NORD, W. *Handbook de Estudos Organizacionais:* ação e análise organizacionais. São Paulo: Atlas, 2004. v. 3, p. 334-336.
40   HALL, Richard, H. *Organizações: estruturas, processos e resultados.* 8. ed. São Paulo: Pearson, Prentice Hall, 2004.
41   PUGH, D. S.; HICKSON, D. J. *Os Teóricos das Organizações.* Rio de Janeiro: Qualitymark, 2004.

42   MORAES NETO, B. R. *Marx, Taylor, Ford:* as forças produtivas em discussão. São Paulo: Brasiliense,1989.
43   PUGH, D. S.; HICKSON, D. J. *Os Teóricos das Organizações.* Rio de Janeiro: Qualitymark, 2004.
44   CLEGG, S. R.; HARDY, C. Introdução: organização e estudos organizacionais. In: CLEGG, S.; HARDY, C.; NORD, W. (Org.). *Handbook de Estudos Organizacionais:* modelos de análise e novas questões em estudos organizacionais. São Paulo: Atlas, 1999. v. 1, p. 27-57.
45   ROBERTS, Karlene H.; GRABOWSKI, M. Organizações, tecnologia e estruturação. In: CLEGG, S.; HARDY, C.; NORD, W. *Handbook de Estudos Organizacionais:* ação e análise organizacionais. São Paulo: Atlas, 2004. v. 3, p. 327.

Capítulo 7

46   HASHIMOTO, M.; DE AVÓ, M. R.; SILVA, L. I. A Relevância do Intraempreendedorismo nas PMEs: a influência dos conflitos de agência e práticas institucionalizadas In: *Encontro de Estudos Sobre Empreendedorismo e Gestão de Pequenas Empresas,* 5., 2008, São Paulo. Anais... São Paulo, Fevereiro, 2008, p.03.
47   DRUCKER, Peter F. *Inovação e Espírito Empreendedor.* São Paulo: Pioneira, 1986.
48   EMMENDOERFER, M. L.; VALADARES, J. L.; HASHIMOTO, M. Evidências do empreendedorismo interno em organizações no contexto da inovação. *Revista eletrônica de ciência administrativa (RECADM),* Campo Largo. v. 9, n. 2, p. 144-156, Nov. 2010.
49   HISRICH, R. D.; PETERS, M. P. *Empreendedorismo.* Porto Alegre: Bookman, 2004.
50   FILION, L.J. Entendendo os intraempreendedores como visionistas. *Revista de Negócio,* FURB, v. 9, n. 2, abr./jun. 2004 (edição especial empreendedorismo).

Capítulo 8

51 DE SORDI, J.O. *Tecnologia da Informação Aplicada aos Negócios.* São Paulo: Atlas, 2003.

52 SHAPIRO, C.; VARIAN, Hal R. *A Economia da Informação.* 11. ed. Rio de Janeiro: Campus Elsevier, 2003, p.21;

53 CAVALCANTI, J. Carlos. *As Políticas Brasileiras de Desenvolvimento da Informática: Passado e Presente.* São Paulo: Seminário Ciência e Tecnologia para o Desenvolvimento: o Papel da Empresa e do Estado, outubro/1997.

54 ROBERTS, Karlene H.; GRABOWSKI, M. Organizações, tecnologia e estruturação. In: CLEGG, S.; HARDY, C.; NORD, W. *Handbook de Estudos Organizacionais:* ação e análise organizacionais. São Paulo: Atlas, 2004. v. 3, p. 327.

55 DE SORDI, J.O. *Tecnologia da Informação Aplicada aos Negócios.* São Paulo: Atlas, 2003.

56 GALINDO, A.G. *Análise das Dinâmicas Relacionadas com o Desenvolvimento do Arranjo Produtivo Local de Tecnologia da Informação de Fortaleza (CE).* 2008. 333f. Dissertação (Mestrado em administração) – Centro de Estudos Sociais Aplicados, Universidade Estadual do Ceará, Fortaleza, 2008, p.11.

57 MARINHO, Sidnei Vieira. *Uma Proposta de Sistemática para Operacionalização da Estratégia Utilizando o Balanced Scorecard.* Santa Catarina: Universidade Federal de Santa Catarina. Programa de Pós-graduação em Engenharia de Produção, Tese de Doutorado, 2006.

Capítulo 9

58 SOFTEX. *Software* e Serviços de TI: A Indústria Brasileira em Perspectiva. Associação para Promoção da

Excelência do *Software* Brasileiro – SOFTEX. *Observatório Softex,* Campinas, 2009.
59   DIMAGGIO Paul J.; POWELL, Walter W. Jaula de ferro revisitada: isomorfismo institucional e racionalidade coletiva nos campos organizacionais. In: CALDAS, Miguel P.; BERTERO, Carlos O. (Orgs.). *Teoria das Organizações.* São Paulo: Atlas, 2007. p.117-142.
60   GALINDO, A.G. *Análise das Dinâmicas Relacionadas com o Desenvolvimento do Arranjo Produtivo Local de Tecnologia da Informação de Fortaleza (CE).* 2008. 333f. Dissertação (Mestrado em administração) – Centro de Estudos Sociais Aplicados, Universidade Estadual do Ceará, Fortaleza, 2008.
61   LOZINSKY, S. *Implementando empreendedorismo na sua empresa.* São Paulo: Mbooks, 2010.
62   CAVALCANTI, J. Carlos. *As Políticas Brasileiras de Desenvolvimento da Informática: Passado e Presente.* São Paulo: Seminário Ciência e Tecnologia para o Desenvolvimento: o Papel da Empresa e do Estado, outubro/1997, p.07.
63   CAVALCANTI, J. Carlos. *As Políticas Brasileiras de Desenvolvimento da Informática: Passado e Presente.* São Paulo: Seminário Ciência e Tecnologia para o Desenvolvimento: o Papel da Empresa e do Estado, outubro/1997.
64   GALINDO, A.G. *Análise das Dinâmicas Relacionadas com o Desenvolvimento do Arranjo Produtivo Local de Tecnologia da Informação de Fortaleza (CE).* 2008. 333f. Dissertação (Mestrado em administração) – Centro de Estudos Sociais Aplicados, Universidade Estadual do Ceará, Fortaleza, 2008, p.23-24.
65   GUTIERREZ, R. M. V.; ALEXANDRE, P. V. M. Complexo eletrônico: introdução ao *software. BNDES Setorial,* n. 20, p. 3-76, set. 2004. Disponível em: <http://www.bndes.gov.br/SiteBNDES/export/sites/default/bndes_pt/Galerias/Arquivos/conhecimento/bnset/set2001.pdf>. Acesso em: 15 ago. 2011.

66 AMCHAM BRASIL. 2010. *PwC: mercado brasileiro de TI será de US$ 25 bilhões em 2011*. Disponível em: <http://www.amcham.com.br/regionais/amcham-sao-paulo/noticias/2010/pwc-mercado-brasileiro-de-ti-sera-de-us-25-bilhoes-em-2011> Acesso em 08. ago. 2011.
67 IBGE. *Estatísticas do Cadastro Central de Empresas 2009*. Ministério do Planejamento, orçamento e gestão. Rio de Janeiro: IBGE, 2011.
68 SOFTEX. *Software* e Serviços de TI: A Indústria Brasileira em Perspectiva. Associação para Promoção da Excelência do *Software* Brasileiro – SOFTEX. *Observatório Softex,* Campinas, 2009.
69 AMCHAM BRASIL. 2010. *PwC: mercado brasileiro de TI será de US$ 25 bilhões em 2011*. Disponível em: <http://www.amcham.com.br/regionais/amcham-sao-paulo/noticias/2010/pwc-mercado-brasileiro-de-ti-sera-de-us-25-bilhoes-em-2011> Acesso em 08. ago. 2011.

Capítulo 10

70 BOM SUCESSO, E.P. *Trabalho e Qualidade de Vida*. Rio de Janeiro: Dunya, 1998, p. 25.
71 SLATER, R. *Os 29 Segredos de Jack Welch*. Rio de Janeiro: Editora Campus, 2011.
72 MILKOVICH, G.T.; BOUDREAU, J.W. *Administração de Recursos Humanos*. São Paulo: Atlas, 2000.
73 O'CONNOR, J.; SEYMOUR, J., *Treinando com a PNL*. São Paulo: Editora Summus, 1996.

QUALITYMARK EDITORA

Entre em sintonia com o mundo

QUALITYPHONE:

0800-0263311

Ligação gratuita

Qualitymark Editora
Rua Teixeira Júnior, 441 – São Cristóvão
20921-405 – Rio de Janeiro – RJ
Tels.: (21) 3094-8400/3295-9800
Fax: (21) 3295-9824
www.qualitymark.com.br
e-mail: quality@qualitymark.com.br

Dados Técnicos:	
• Formato:	14 x 21 cm
• Mancha:	11 x 18 cm
• Fonte:	Optima
• Corpo:	11
• Entrelinha:	13
• Total de Páginas:	152
• Lançamento:	2013